CW00589574

De Nederlandse fiets
The Dutch Bike

Premsela Design Story

Met de *Premsela Design Stories* belichten Premsela, Nederlands instituut voor Design en Mode, en nai010 uitgevers verhalen uit de Nederlandse designgeschiedenis. In deze uitgaven staan iconische objecten centraal die kenmerkend zijn voor een bepaalde periode en die van belang zijn binnen de ontwikkeling van design.

In the *Premsela Design Stories*, Premsela, the Netherlands Institute for Design and Fashion, and nai010 publishers present tales from Dutch design history. Each publication focuses on an iconic object that has typified particular period and been significant in design's development.

In deze serie verscheen eerder /
Previously published in this series

Marijke Kuper, Lex Reitsma
**De stoel van Rietveld /
Rietveld's Chair**
Book and DVD set, 2011, 2012

Frederike Huygen, Lex Reitsma
**De stijl van het Stedelijk /
The Style of the Stedelijk**
Book and DVD set, 2012

Nog te verschijnen / To be published

Yvonne Brentjens
**De stoel van Friso Kramer /
Friso Kramer's Chair**

Lisa Goudsmit
**De schoen van Jan Jansen /
Jan Jansen's Shoe**

Premsela zet zich in voor de groei van de Nederlandse vormgeving. Design heeft daarbij niet alleen een culturele, maar ook een sociale en economische betekenis. Design draagt bij aan het oplossen van maatschappelijke vraagstukken, relevante technische ontwikkelingen en cultuur. Hierbij werkt Premsela intensief samen met een groot aantal nationale en internationale partners, culturele instituten en bedrijven. Premsela initieert en ondersteunt onder andere publicaties over Nederlands design. Het instituut ondersteunt toegewijd onderzoek voor het behouden en toegankelijk maken van het Nederlands cultureel erfgoed voor een breed publiek.

Premsela dedicates itself to promoting the growth of Dutch design. Design's relevance is not only cultural but also social and economic. It helps people to solve shared problems and contributes to significant technological developments and cultural trends. Premsela works closely with a large number of Dutch and foreign partners, cultural institutions and companies. Premsela initiates and supports a range of projects, including publications about Dutch design. The institute is committed to researching, preserving and providing access to the design heritage of the Netherlands for a wide audience.

www.premsela.org

premsela
.org /

Nederlands
Instituut voor
Design en Mode

De Nederlandse fiets
The Dutch Bike

Zahid Sardar

Premsela Design Story

nai010 uitgevers/publishers

Inhoud

Contents

Stilstand is vooruitgang

Er is weinig verleidelijker dan een half-blote juffrouw op een moderne *bicyclette*, zoals ze zo vaak is afgebeeld op Franse affiches in art nouveau-stijl. Zwevend op die prachtige lichte fiets lokt ze mogelijke kopers van haar handelswaar naar een moderne wereld van snelheid en vermaak. In Nederland gruwden rijwielfabrikanten van dergelijke advertenties. Hun fiets, een Nederlands woord van geheel onbekende herkomst, was degelijk en onmodieus, en dat was hij met een reden. Waar de Franse fiets een product was voor uitjes op zondag of voor vrolijke weddenschappen, kon de fiets al aan het begin van de twintigste eeuw benut worden om de korte afstanden tussen wonen en werken te overbruggen. Ook Nederlandse vrouwen kochten de fiets graag, want dat dit nieuwe vervoermiddel bijdroeg aan hun pasveroverde zelfstandigheid hadden zij natuurlijk net zo goed door als hun Franse zusters. Toch zou ook hier elke lichtzinnigheid bij de marketing van de fiets maar in het nadeel van de verkoop werken. Een fiets is een bruikbaar ingenieursproduct, zo redeneerden de directies van Fongers, Gazelle en Batavus, en dat gegeven zou wel eens veel profijtelijker de markt kunnen bedienen dan een fiets voor een klandizie die het fietsen louter als vermaak zag, zoals in de ons omringende landen.

Het zal ook best de protestante volksaard geweest zijn, waardoor de Nederlandse fiets van begin af aan simpel en sober was, en in de loop van decennia nauwelijks van vorm veranderde. Maar zoals immer bij de Hollandse religieuze beleving was ook hier het koopmanschap niet ver weg. Sterker nog, juist binnen het commerciële kader valt goed te begrijpen waarom fietsfabrikanten vrijwel vanaf het begin 'de Nederlandse fiets' als onveranderlijk product hebben bedacht en gepromoot. Dat begin is belangrijk, want van een Hollandse oorsprong is bij de bekende zwarte stadsfiets geen sprake; de oer-Hollandse fiets is niets anders dan een loepzuivere Britse *safety bike*, zoals Zahid Sardar in dit boek met voorbeelden beschrijft. Nou is een buitenlandse herkomst vaker niet dan wel het geval bij technische producten als radio's, televisies en auto's, die alle in meer of mindere mate succesvol ook in Nederland zijn geproduceerd. Door stelselmatige verbeteringen en zichtbare veranderingen kregen deze producten geen kans zich als icoon te vestigen, laat staan dat ze vereenzelvigd konden worden met ons nationale fabricaat.

De *safety bike* was rond 1900 echter al dermate uitontwikkeld dat zaken als remmen, versnellingsapparaten en verlichting het product nog slechts gradueel veranderden. Opmerkelijk is dat juist de Nederlandse fabrikanten gedurende een flink deel van de twintigste eeuw de gelegenheid te baat namen om de fiets nadrukkelijk *niet* te verbeteren.

Dat is vanuit ons moderne perspectief, dat zo gepreoccupeerd is met innovatie, misschien wat moeilijk te begrijpen, maar dit moet toch in de eerste plaats als een vernuftige marketingstrategie worden gezien. Veel fabrikanten deden hun uiterste best de Hollandse fiets als het oermodel te promoten, waarvan de kwaliteiten en toegepaste onderdelen geen verbetering behoefden. Daarbij lieten ze bijna geen middel onbenut om buitenlands fabricaat als ondeugdelijk te kenschetsen. Waar de Hollandse fiets in vreemde ogen zwaar en onhandelbaar was, gold hij hier als solide en onverwoestbaar, en werden van de weeromstuit de lichte aluminium fietsen uit Frankrijk openlijk belasterd als inferieur en nodeloos voorzien van aanstellerige en kwetsbare derailleurs.

Het succes van de onveranderde Hollandse fiets hield lang aan. Nog tot diep in de jaren zestig leek er geen vuiltje aan de lucht en verkochten de Nederlandse fietsfabrieken jaarlijks honderdduizenden nieuwe, meest identieke fietsen. Paradoxaal genoeg zou met het stijgen van de welvaart de verkoop drastisch afnemen. Ook de Nederlandse arbeider kon zich nu een brommer, en later een auto permitteren, en voor de besteding van de toegenomen vrije tijd kocht hij liever wat luchtigers dan een serieuze zwarte fiets. Een vrolijk gekleurd model bijvoorbeeld, met veel versnellingen of eentje voor de show. Het waren buitenlandse fietsfabrikanten, voornamelijk uit Azië en de Verenigde Staten die dat gat in de markt wel zagen en met allerlei fietsen voor sport en ontspanning de Nederlandse

consument verleidden. De geest was dermate uit de fles dat juist in Nederland, toch het platste land ter wereld, nota bene de mountainbike immens populair werd, zoals de Vlaamse innovatie-professor Dany Jacobs ooit vrolijk constateerde.

Het lot bleek de weinig veranderingsgezinde fietsfabrikanten gunstig gezind. Zonder het aanvankelijk te beseffen, profiteerden ze van die merkwaardige, vruchtbare relatie tussen nostalgie, recreatie en lifestyle. Geen vakantie of weekendje weg zonder een *trip down memory lane*, geen ritje door de stad als je haar niet goed zit. Ergens in de jaren negentig werd de interesse voor het zwarte utilitaire model in volle glorie hersteld. Vaak voorzien van een brilmontuur met eenzelfde esthetiek vertoonden eerst creatieven als reclamemakers en architecten, en na verloop van tijd grote groepen hippe jeugd en eeuwig jonge babyboomers zich op loodzware fietsen zoals die in de jaren dertig en veertig voor bakkers en slagers waren bedoeld. Het levert vandaag een merkwaardig stadsbeeld op, want naast de retrojeugd berijden uitgerekend de senioren hypermodern gestylede fietsen, vaak vederlicht en voorzien van een waaier aan versnellingen, led-verlichting en soms zelfs fluisterstille hulpmotoren. Des te scherper vertoont zich nu die opvallende, eenvoudige zwarte fiets, die terug is van niet echt weg geweest en nooit meer lijkt te verdwijnen.

Timo de Rijk

Standing Still Is Moving Forward

Few things are more seductive than a semi-nude young woman on a modern *bicyclette*, as she is so often portrayed in many Art Nouveau-style French posters. Aloft on that stylish, nimble bicycle she beckons potential buyers of her wares into a modern world of speed and pleasure. Such adverts horrified bicycle makers in the Netherlands. Their *fiets* – a Dutch word of entirely unknown origin – was reliable and unfashionable, and it was so for a reason. Whereas the French bicycle was an article for Sunday outings or for lively wagers, the Dutch bicycle could be used, from the very start of the twentieth century, to cover the short distances between home and work. Dutch women too were keen to purchase a bike, for they were naturally just as aware as their French sisters that this new mode of transport would contribute to their newly won independence. Even for them, however, any frivolity in the marketing of the bicycle would only have been counterproductive to sales. A bicycle is a utilitarian product of engineering, the bosses of Fongers, Gazelle and Batavus reasoned, and this would serve the market much more profitably than a bicycle aimed at a clientele that saw cycling as a mere pastime, as was the case in neighbouring countries.

This likely also had something to do with the Calvinist national character, so that the Dutch bike was simple and sober from the outset and hardly changed in form over succeeding decades. As always in Dutch religious life, however, a keen sense of business was never far off. In fact, it is in the commercial context that it is easiest to understand why bicycle makers conceived and promoted 'the Dutch bike' as an immutable product almost from the start. That start is important, because the familiar black city bike is not of Dutch origin: the basic Dutch *fiets* is nothing more than a perfected British 'safety bike', as Zahid Sardar illustrates with many examples in this book. Many products of technology, like radios, televisions and automobiles, have a foreign origin and have eventually been produced, with varying degrees of success, in the Netherlands as well. As a result of systematic improvements and visible alterations, none of these products had a chance to establish itself as an icon, let alone become identified with our national manufacture.

By around 1900, however, the safety bike had already been developed to such an extent that elements like brakes, gears and lights represented mere incremental changes to the product. What is remarkable is that Dutch bicycle makers, for a major portion of the twentieth century, seized the opportunity to explicitly *not* improve the bicycle. From our modern perspective, so preoccupied with innovation, this may be difficult to fathom, but it must be understood primarily as an ingenious marketing strategy. Many makers did their

utmost to promote the Dutch bike as the original model, the qualities and added components of which needed no improvements. Similarly, they almost never missed an opportunity to characterize foreign-made bicycles as unreliable. Whereas foreigners found the Dutch bike heavy and unwieldy, here it was considered solid and indestructible, and in return the light-weight aluminium bicycles from France were openly maligned as inferior and needlessly equipped with ostentatious and fragile derailleur gears.

The success of the unadulterated Dutch bike lasted a very long time. Until late into the 1960s there was no hint of trouble, and independent Dutch bicycle makers sold hundreds of thousands of new, mostly identical bikes every year. Paradoxically enough, sales were to decline dramatically once standards of living improved. Even the Dutch working class could now afford a moped, and later a car, and for spending their increased leisure time they preferred to buy something more fun than a serious black bike. One in a cheerful colour, for instance, with lots of gears, or one for show. Foreign bicycle manufacturers, primarily from Asia and the USA, were the ones who saw the gap in the market and seduced the Dutch consumer with all kinds of bikes for sport and relaxation. As the Flemish innovation professor Dany Jacobs has merrily pointed out, the genie was out of the bottle to such an extent that the mountain bike became hugely popular in the Netherlands, the flattest country in the world.

Fortune has proved kindly disposed towards the change-averse bicycle makers. Without initially realizing it, they have benefited from this remarkable, fruitful relationship between nostalgia, recreation and lifestyle. No holidays or weekend breaks without a trip down memory lane, no ride across town if your hair's not looking good. Sometime in the 1990s, interest in the black utilitarian model was restored to its former glory. Often sporting glasses with frames designed with a similar aesthetic, first creative types like ad men and architects, and after a while droves of hip youths and forever young Baby Boomers started to be seen on super-heavy bikes like those intended for bakers and butchers in the 1930s and 1940s. Today the result is a curious urban spectacle, for riding alongside the retro-youngsters are senior citizens on stylish hypermodern bicycles, often feather-light and outfitted with a whole panoply of gears, LED lights and sometimes even whisper-quiet auxiliary motors. The striking, simple black bike stands out even more – it has made a comeback without ever having really gone away and clearly it is here to stay.

Timo de Rijk

De Nederlandse fiets

Inleiding

Van Amsterdam tot Nieuw-Amsterdam (New York City), overal is de zwarte Nederlandse fiets al meer dan een eeuw te zien. Toch lijkt het alsof veel tijdschriften en kranten, zelfs de *New York Times*, nog maar net het bestaan van dit Nederlandse werkpaard hebben ontdekt. Terwijl andere belangrijke laatnegentiende-eeuwse uitvindingen als de gloeilamp, de telefoon en de schrijfmachine ingrijpend werden veranderd of zelfs helemaal verdwenen, is de Nederlandse fiets met zijn stevige buisframe, die nog steeds wordt gemaakt door gerenommeerde Nederlandse fabrikanten als Batavus en Koninklijke Gazelle, relatief onveranderd gebleven.

Eigenlijk is die zogeheten werelddominantie van de Nederlandse fiets een anomalie: bijna alle fietsen worden tegenwoordig immers in China gemaakt en de helft daarvan is daar ook in gebruik. De Verenigde Staten komen pas op een veel latere tweede plaats wat betreft de fietsverkoop, en dan laten India, Duitsland en verschillende andere Europese landen het relatief kleine Nederland ook nog achter zich wat betreft het aantal fietsen dat er in gebruik is. Toch blijft de Nederlandse fiets enorme aantallen fietsers aanspreken en lijkt hij een centrale plaats in te nemen in de hedendaagse fietscultuur.

De Nederlanders vinden hun zwarte, functionele maar toch opmerkelijke fiets waarvan ze al tientallen jaren gebruik maken heel gewoon, maar in andere wereldsteden kijkt men er nog steeds van op dat snelle koeriers, hippe stedelingen, voorstanders van milieuvriendelijk vervoer, modeontwerpers of jonge moeders de voorkeur geven aan hun schijnbaar onverwoestbare, op intensief gebruik gebouwde fiets, die in sommige uitvoeringen ook bekend staat als toerfiets (*roadster*) of *cruiser*.

Twee even grote wielen met stevige luchtbanden, een met een ketting aangedreven achterwiel, naafversnelling, vrijloop, eventueel voor- en achterrem, een hoog stuur en een leren zadel dat gemaakt is om rechtop te zitten voor beter zicht, een fietsbel en door een dynamo aangedreven verlichting, spatborden, een jasbeschermer en een kettingkast. In deze sobere uitvoering worden deze nuttige, stalen Nederlandse fietsen – met een driehoekig frame voor mannen en een frame met gebogen stang voor vrouwen – al zo lang geproduceerd, dat ze tegenwoordig opafiets en omafiets worden genoemd. Dit model, een toerfiets

30, 31

zonder stang, maakt nog dagelijks nieuwe fietsbekeerlingen. Deze gewone Nederlandse fietsontwerpen zijn sinds de Tweede Wereldoorlog qua techniek nauwelijks veranderd, en toch kan een nieuwe versie van deze *evergreen* je een paar duizend euro kosten, ofwel dezelfde prijs als een lichtgewicht, aerodynamische, uit titanium vervaardigde racefiets. Vreemd genoeg leidt dit prijskaartje niet tot een verminderde belangstelling; de Nederlandse fiets krijgt er in sommige kringen alleen maar meer allure door.

De traditionele eenvoud van de Nederlandse fiets duidt op een typisch Nederlandse hang naar praktische zaken en een zekere weerzin tegen opzichtigheid. Dit soort fietsen is bedoeld als betaalbaar vervoermiddel om naar het werk te gaan, boodschappen te doen, kinderen naar school te brengen of je anderszins door de stad te verplaatsen. Door de snelle acceptatie in Nederland van de gebruiksvriendelijke fiets, eind negentiende, begin twintigste eeuw, verdwenen de trekpaarden uit het stadsbeeld en gingen gemeentebesturen speciale fietspaden aanleggen. Wereldwijd volgden steeds meer steden dit tientallen jaren oude Nederlandse voorbeeld om de door auto's verstopte stadscentra per fiets te doorkruisen. Daarmee is de cirkel weer rond voor de eenvoudige Hollandse fiets, die door zijn gemechaniseerde productiesysteem ook heeft bijgedragen aan de productie van de eerste motorfietsen en auto's. De fiets herovert de wegen, die oorspronkelijk voor fietsers waren bedoeld, maar nu verstopt zijn met auto's.

Door de brede acceptatie in Nederland van dit goedkope vervoermiddel is de fiets een even karakteristiek Nederlands verschijnsel geworden als klompen, tulpen en molens. Hij is geschikt voor jong en oud en voor arm en rijk. De hernieuwde belangstelling voor fietsen, gestimuleerd door ontwerpwedstrijden en internationale fietsbeurzen, inspireert overal ontwerpers om hun eigen fiets te maken. Maar toch blijft de Nederlandse fiets uniek in zijn soort, ondanks allerlei baanbrekende ontwerpen met nieuwe materialen en technologie, elektrische fietsen en ligfietsen die er in de toekomst ongetwijfeld nog zullen komen.

The Dutch Bike

Introduction

From Amsterdam to New Amsterdam (New York City), the all-black
Dutch bike has been seen for more than a century, and yet it is as if many
magazines and newspapers – including the *New York Times* – have only
just discovered the ubiquitous Plain Jane workhorse of the Netherlands
that emerged along with other late nineteenth-century inventions, such
as the light bulb, the telephone and the typewriter. Considering the
extraordinary developments that have altered or obliterated many of the
other far-reaching inventions of that era, the sturdy tubular steel Dutch
bike still produced by vintage Dutch brands like Batavus and Royal
Gazelle remains relatively unchanged since its earliest days and is
produced all over the world.

Statistically, the so-called Dutch bike's supremacy is an anomaly.
Nearly all bicycles these days are manufactured in China and half of
those are used there. The USA is a distant second in bike consumption,
then India, Germany and several other European countries lead the relatively tiny Netherlands in the actual number of bikes used within its bor-
ders. Yet the Dutch-style bike that continues to resonate with large numbers of riders everywhere seems to be at the centre of bike culture today.

The Dutch don't make a big deal of the all-black utilitarian, functional yet remarkable commuter bikes they've been riding for decades;
but they are inadvertently turning heads in world cities where daredevil
messengers, urban hipsters, green advocates, fashion designers and
even practical young mothers running errands prefer their seemingly
indestructible, heavy duty bike also known as a roadster or cruiser in
some incarnations.

With a modicum of gimmicks – two wheels of equal size with sturdy
inflatable rubber tires, a rear-wheel drive powered by a chain, hub gears,
a freewheel, two brakes if desired, high handlebars and a leather saddle
shaped for upright seating and hence better visibility, a hand-operated
bell and a dynamo-powered light, mud guards, a skirt guard and a chain
guard – these extremely serviceable steel Dutch bikes have been made
in nearly the same triangulated frame for men and a curved step-through
frame for women for so many generations that they are now simply

referred to as *opafiets* and *omafiets* or grandfather and grandmother bikes. The latter, a step through roadster, still attracts new converts to cycling every day. These ordinary Dutch bike designs have not seen too many technological changes since the Second World War and yet new versions of these evergreen machines could set a rider back several thousand dollars – or about the price of a lightweight, aerodynamic titanium racing bike. Surprisingly, instead of dampening interest in them, the price only increases the allure of the Dutch bike in some circles.

In the Netherlands the traditional Dutch bike's plainness in fact signals a national penchant for practicality and a lack of ostentatiousness. These types of bikes are meant to be an affordable way to commute to work, to get around the city to run errands and haul goods in front or rear carriers, to bring children, perched in seats attached to a bike's head post, to school in the morning or to go to concerts or restaurants at night. The Netherlands' swift adoption of easy-to-use bikes when they first appeared during the late nineteenth and early twentieth centuries helped to free the urban carriage horse of its burden and prompted Dutch cities to pave paths just for bikes. Now, as more and more countries around the globe embrace the decades-old Dutch example to get around car-choked city centres on bikes, the simple Dutch-style bike whose assembly-line mass-production systems helped to make the first motorbikes and cars as well, may be coming full circle. It is helping to retrieve good city roads and highways originally meant for bikes that are now clogged by cars. The Netherlands' wide embrace of this particular form of inexpensive transportation that can be enjoyed by very young as well as older riders, by the poorest and the most wealthy, has made this kind of bike as quintessentially Dutch as wooden shoes, tulips and windmills.

A renewed interest in bikes – bolstered by design competitions and international bike fairs – prompts individual tinkerers in every major international city who have discovered the joy of making their own vehicle to make their own version. Yet, if its history is any measure, despite other out-of-the-box designs using new materials and technology, electric bikes and recumbent bikes still to come, the Dutch Bike may remain a distinct species unto itself.

Geschiedenis en ontwikkeling van de eerste Nederlandse fietsen

Hij heeft dan wel de bijnaam *Dutch Bike*, maar toch zijn de Nederlanders niet de uitvinders van dit staaltje techniek uit de victoriaanse tijd. Ze bouwden voornamelijk voort op Britse en Franse voorlopers, die op hun beurt weer waren afgeleid van de *Laufmaschine* uit 1817. Deze *draisine* was een apparaat om snel mee te lopen of zelfs te rennen, een uitvinding van de Duitse baron Karl von Drais. De vreemd uitziende draisine was het eerste draagbare, door menskracht aangedreven 'voertuig' met twee in elkaars verlengde staande karrewielen die door een houten stang verbonden waren.

De Nederlandse fietsindustrie ontstond in 1866, toen baron Otto Groeninx van Zoelen gefascineerd raakte door de *vélocipède*, die was ontworpen door de Parijzenaar Pierre Michaux. Deze was gebaseerd op de 'loopfiets' van Von Drais, maar met een verbijsterend simpele toevoeging: een roterende overbrenging met innovatieve cranks en pedalen aan het voorwiel voor de aandrijving. Van Zoelen liet zijn eigen smid er een namaken en introduceerde het apparaat in Nederland.

Niet lang daarna, in 1868, werd J.T. Scholte te Amsterdam de eerste Nederlandse importeur van dure Franse vélocipèdes. Zijn belangrijkste dealer was H.H. Timmer, die in 1869 het eerste Amsterdamse tweewielerverhuurbedrijf begon en zelfs een overdekte rijschool voor fietsen opzette. Timmer verkocht een van de eerste houten vélocipèdes van Michaux aan Henricus Burgers, een talentvolle smid in Deventer. Dat ene exemplaar werd Burgers' prototype voor de metalen vélocipèdes die hij vanaf 1869 begon te maken. Zo werd Burgers de onvermoede grondlegger van de Nederlandse fietsindustrie. In 1871 werd in Deventer de eerste Nederlandse fietsclub opgericht onder de naam *Immer weiter* ('steeds verder'), wat weer leidde tot het ontstaan van andere clubs, zoals de Algemeene Nederlandsche Wielrijders-Bond (ANWB) in 1885. In de loop der tijd liepen de activiteiten daarvan parallel aan die van de Rijwiel- en Automobiel Industrie (RAI), toen fietsfabrikanten in de twintigste eeuw ook auto's gingen maken.

In 1885 brak een nieuw fietstijdperk aan toen de Engelsman John Kemp Starley met de Rover kwam. Een lagere, veiliger versie van de tweewieler, met twee bijna even grote wielen van ongeveer 36 inch, schokabsorberende luchtbanden, een licht, stalen buisframe en een opmerkelijke kettingaandrijving op het achterwiel. De commercieel succesvolle Rover verving de hogere fietsen, baande het pad voor een meer algemeen geaccepteerd ontwerp en zo ontstond de moderne

Nederlandse fiets met een stuur dat rechtstreeks bevestigd was aan een gebogen voorvork.

De jaren 1890 waren gouden jaren voor de Nederlandse fiets-industrie; in december 1893 werd in Utrecht de Nederlandsche vereeni-ging 'De Rijwielindustrie' opgericht die de fietsproducenten voor en tijdens de Eerste Wereldoorlog zou vertegenwoordigen. Terwijl de Engelsen en Duitsers hun grote naaimachinefabrieken ombouwden om fietsen te produceren, waren de Nederlanders om aan de vraag van honderden fietsmerken te voldoen aangewezen op smederijen en metaal-bewerkingsbedrijven in de stadscentra. Slechts enkele daarvan groeiden uit tot volwaardige fabrieken en die van Burgers was een van de eerste.

Dankzij praktische en technische verbeteringen zoals betere zadels, wielen en banden van Britse, Amerikaanse of Franse producenten, werd ook de Nederlandse fiets tegen het eind van de negentiende eeuw beter en steeds populairder. Ondanks economische pieken en dalen deed de Nederlandse fietsindustrie het tussen 1893 en 1895 heel goed. Bedrijven als Simplex, Fongers, Teuton, Union en Burgers breidden hun fabrieken in 1896 fors uit, vooruitlopend op het moment dat in Nederland gemaakte fietsen konden concurreren met Britse en Duitse ontwerpen en met de steeds goedkopere import uit een sterk geïndustrialiseerd land als Amerika, waardoor de Nederlandse fiets – niet langer een spor-tief en recreatief speeltje voor de elite – steeds populairder en betaal-baarder werd. Rond de eeuwwisseling verschenen er ook allerlei soorten damesfietsen met onder meer zwanenhalsframes, gewelfde of dubbele frames. Omdat steeds meer vrouwen gingen fietsen, moesten deze modellen licht en gracieus zijn, en een lagere, ruimere instap hebben.

Terwijl goedkope, op de Rover gebaseerde omafietsen ook tot de middenklasse en lagere klasse doordrongen, werden mensen via advertenties opgeroepen de fiets te nemen en werden boeren aange-moedigd hun paarden af te schaffen; postbodes, politieagenten en zelfs het Nederlandse leger stapten over op de fiets. Sommige bataljons hadden zelfs mitrailleurs achter een fiets, wat bijdroeg aan de legende van de fiets als een solide, onverwoestbare machine. Toen kapitein T.L. van Wagtendonk in 1899 een vouwfiets ontwierp voor het Nederlandse leger, stond de Eerste Nederlandsche Rijwiel- en Machinefabriek (ENR) van Burgers klaar om die in grote aantallen te produceren. Dankzij de tussen 1899 en 1903 toegenomen plaatselijke productie telde Nederland bijna 200.000 fietsers, en elk jaar kwamen er meer dan 40.000 bij. In 1912 reden er maar liefst 650.000 fietsen over de Nederlandse wegen; het productieoverschot werd geëxporteerd naar de naar de buurlanden

The History and Evolution of the First Dutch Bikes

Despite its Dutch Bike moniker, it may come as a surprise that the Dutch did not invent this Victorian-era engineering marvel. It was mainly adapted from British and French precedents, which themselves were evolutions of the 1817 *lauf-maschine*, a fast-walking or running machine *draisine* or *velocipede*, as it came to be called, invented by German baron Karl von Drais. The odd-looking draisine was the first portable human-powered 'vehicle' that had a pair of carriage wheels arranged in a single line connected by a wooden perch between them.

A closer look at a few of the best-known Dutch bike brands that have stood the test of time – or not – provides a quick snapshot of the forces that helped to shape the making of the first truly Dutch bikes. The Dutch bicycle industry first stirred to life in 1866 with Dutch baron Otto Groenix van Zoelen's fascination with the velocipede designed by Parisian Pierre Michaux. Based on the two-wheeled hobby-horse or draisine, it had a stunningly simple addition: a rotary drive connected to innovative cranks and pedals on the front wheel to propel it forward. Van Zoelen had his own blacksmith replicate one for him and introduced it to the Netherlands.

A short time after that, J.T. Scholte of Amsterdam became the country's first documented importer of expensive French velocipedes in 1868, and his principal agent H.H. Timmer went on to start Amsterdam's first two-wheel velocipede rental business in 1869, and ultimately, he also organized an indoor bicycle riding school in Amsterdam. Timmer sold one of Michaux's first wooden velocipedes to a talented blacksmith, Henricus Burgers in Deventer, and that single specimen became Burgers' prototype for metal velocipedes he produced after 1869. Burgers inadvertently became the founder of the Dutch bicycle industry. In 1871 the first Dutch bicycle club – *Immer Weiter* ('always farther' in German) was founded in Deventer and it too spawned other clubs such as the Algemeene Nederlandsche Wielrijders Bond (ANWB) in 1885. In time it paralleled the efforts of the Rijwiel- en Automobiel-Industrie (RAI), essentially the Netherland's national bicycle and automobile club, when bicycle manufacturers also began to produce cars in the twentieth century.

In 1885 a new era of bicycles began when Englishman John Kemp Starley unveiled the Rover, a low-mount safer version of the bicycle with two nearly equally sized 36-inch wheels shock-absorbing pneumatic

tires, a light tubular steel frame and a remarkable rear-wheel chain drive. The commercially viable Rover supplanted higher bikes, led the way for a more universally accepted design and the modern Dutch bike with handlebars attached directly to a raked front fork emerged.

The 1890s were halcyon days for the Dutch bicycle industry, and the Association of Dutch Bicycle Manufacturers established in Utrecht in December 1893 represented bike makers through several troubled decades. While the English and Germans were able to convert large sewing machine factories to produce bicycles, the Dutch had to depend on large and small smithies and metalwork shops in city centres to produce hundreds of bicycle brands that countless dealers and wholesalers demanded. Only some of these expanded into full-fledged factories in the Netherlands, and Burgers was one of the very first to do so.

Due to other practical technical improvements such as better saddles, wheels and tires emerging from British, American and French makers, the Dutch bike also improved and became more and more popular by the end of the nineteenth century. Despite economic highs and lows, from 1893 to 1895 the Dutch bicycle industry saw rich re-

wards. Companies like Simplex, Fongers, Teuton, Union and Burgers greatly expanded their factories in 1896, anticipating a time when Dutch manufactured bikes could compete easily against British and German designs and cheaper and cheaper imports from highly mechanized American factories. Thanks to these factors, the Dutch bike – no longer an elitist sports and recreational bauble – became ever more popular and affordable. Cities hungry for cheap, good transportation were filled with the very kind of Dutch bicycles that were once a hard-to-get novelty and by the turn of the century as more women took to bicycling, many variations to bikes for women emerged, including gooseneck, serpentine and double frames. At a minimum, the new graceful shapes had to

4 be lighter in weight, with a low and wide instep.

As inexpensive Rover-inspired *omafiets* bicycles trickled down to the middle and lower classes, advertisements urging everyone onto bicycles, prompted farmers to abandon horses and postmen, policemen

7 and even the Dutch army to mount bicycles instead. Some battalions even had machine guns attached to bicycles adding to their mystique as a hardy indestructible machines. In 1899, when Captain T. L. van Wagtendonk created a folding bicycle for the Dutch army, Burgers ENR was ready to produce it in large numbers. With increased local

en Nederlands-Indië, dat ook het rubber leverde voor de banden. Hoewel Nederland tijdens de Eerste Wereldoorlog neutraal bleef, werden de havens in 1917 door de geallieerden geblokkeerd, wat onmiddellijk gevolgen had voor de aanvoer van grondstoffen, wat weer leidde tot een stagnerende markt en een inzakkende handel.

Ook na de oorlog werd het niet veel beter, want het zich herstellende Duitsland had de eigen fietsproductie opgevoerd en een vergelijkbare Nederlandse fiets was door de zwakkere Duitse mark beduidend duurder. Toch gaven de Nederlanders na de oorlog, misschien vanwege de wereldwijde economische malaise, de voorkeur aan de praktische, goedkope fiets met een lange stuurkolom en een hoog 24 stuur waaraan ze nu hun bekendheid ontlenen. Het aantal van deze fietsen in Nederlandse steden nam tussen 1919 en 1924 toe van ongeveer 850.000 tot ruwweg 1.750.000, op een landelijk totaal van 3,3 miljoen.

De magere naoorlogse jaren eisten hun tol en de kwaliteit van de Nederlandse fietsen leed daaronder. Het was moeilijk aan goede fietsen en reserveonderdelen te komen tenzij die uit Engeland, Canada of de Verenigde Staten werden geïmporteerd. Nederlandse ontwerpers gingen op zoek naar alternatieven en experimenteerden met houten banden, handgrepen en pedaalblokken. Ook werden in deze tijd beschermkappen voor carbidlampen geperfectioneerd, die op goedkoop acetyleen werkten, 5, 6, 7, 8, 9 want elke vorm van brandstofbesparing had zin. De honderden Nederlandse fietsimporteurs en kleine bedrijfjes, die ofwel elders gefabriceerde fietsen hun eigen merknaam gaven of veiligheidsframes aanpasten aan specifieke wensen, dan wel zelf bescheiden hoeveelheden fietsen maakten, hadden last van de naweeën van de oorlog en alleen de sterkste bleven bestaan.

11 Albert Fongers, een Nederlandse fietspionier, had in 1871 een kleine smederij gevestigd in de stad Groningen en verplaatste zijn fabriek in 1879 naar de zuidkant van de stad. Daar ging hij toerfietsen fabriceren naar Engels model, zoals de Rover, die nu het prototype van de Nederlandse 10, 12 fiets is. In 1914 kon hij de concurrentie met importeurs van buitenlandse 46 fietsen en met andere plaatselijke fabrikanten aan. In 1898 bouwde Fongers ook een experimentele vouwfiets voor het leger, gebaseerd op Britse, Franse en Amerikaanse voorgangers. Zijn reputatie als fietsfabrikant leverde hem overheidscontracten en opdrachten van het leger op, waardoor hij 300 man in dienst had. De economische crisis van de jaren twintig, de Tweede Wereldoorlog en het inzakken van de verkoop 15 leidde tot een overname door Batavus, een ander Nederlands fietsmerk met een fabriek in Heerenveen. In Groningen, waar het fabrieksgebouw nog steeds staat, wordt de naam Fongers gekoesterd.

Gazelle, een van de oudste, nog bestaande Nederlandse merken, werd in 1892 opgericht door Willem Kölling. Hij importeerde een veiligheidsfiets uit Engeland en bouwde die eerste aankoop uit tot een bloeiende

24 handel in Britse en Duitse fietsen. In 1902 ging hij een partnerschap aan met de metaalsmid Rudolf Arentsen, die ook fietsframes kon maken en die Köller hielp bij het aanpassen van geïmporteerde fietsen. Ze voorzagen

26, 37 deze van hun eigen merk: Gazelle, naar een fraaie reebok die Köller had gezien tijdens een wandeling in de bossen rond Dieren. Gazelle werd groot en invloedrijk dankzij een bloeiende handel tussen 1920 en 1940

27, 28 met Nederlands-Indië, waar nog menige originele Gazelle rondrijdt in wat nu Indonesië is. Opvouwbare transportfietsen, tandems en zelfs

25 elektrische fietsen waren enkele innovaties die Gazelle in de jaren dertig ontwierp. In de jaren zestig kwam Gazelle met een gepatenteerd drieversnellingensysteem in het handvat, een Kwikstep vouwfiets en een trommelrem op de voorwielnaaf. Ze worden nog steeds gebruikt binnen het respectabele oude bedrijf dat bij het 100-jarig bestaan in 1992 door prinses Margriet werd omgedoopt tot Koninklijke Nederlandse Gazelle en nu eigendom is van Pon.

58, 59 In 1904 opende Andries Gaastra, wiens zoon later het fietsbedrijf Koga oprichtte, een handel in klokken en landbouwmachines, maar al gauw ruimde hij ook plaats in voor Duitse fietsen die door het bedrijf Presto werden gemaakt. Het duurde niet lang voordat Gaastra, de algemene trend volgend, fietsen begon te maken en te verkopen onder de

29 eigen merknaam Batavus. Nadat Batavus in 1917 een grote fietsfabriek had overgenomen, bleef het merk bestaan en maakte de fabriek niet alleen tweewielers maar ook driewielers, motorfietsen en schaatsen, zelfs tijdens de wereldwijde economische crisis van de jaren dertig. De productie van fietsen werd gestaakt tijdens de Tweede Wereldoorlog, toen de fabriek door het Duitse leger werd gevorderd. Toen de oorlog voorbij was en de vraag naar fietsen toenam, leefden de vooruitzichten van de fabrikant weer op met een nieuwe fabriek met moderne lopende banden.

In de jaren zeventig produceerde Batavus meer fietsen dan alle andere Nederlandse bedrijven en bijna de helft van de productie was voor de Nederlandse markt. In de fabriek van 32.500 m² werkten 700 mensen en werden elk jaar 250.000 fietsen gemaakt. In de tweede helft van de jaren zeventig, toen de Verenigde Staten met een eerste oliecrisis te maken kregen, vestigde Batavus snel een tweede hoofdkwartier in Atlanta om te voldoen aan de vraag naar energiezuinig transport. Hoewel Batavus nu eigendom is van het Europese fietsconglomeraat

manufacturing between 1899 and 1903, the Netherlands had nearly 200,000 riders and continued to add more than 40,000 each year. By 1912 an astounding 650,000 bicycles plied Dutch roads and the country exported its excess production to its neighbours and to the Dutch East Indies from where it also sourced plentiful rubber for tires.

By 1917 the Netherlands, although neutral during the First World War, had its ports cut off from the high seas by Allied forces and it immediately suffered a lack of raw materials, stagnating markets and diminishing trade.

Things did not pick up even after the war because a recovering Germany had accelerated its own production of bicycles and a weaker German mark made comparable Dutch bikes significantly more expensive. Nonetheless, after the war, perhaps because of the economic slumps that plagued many countries around the globe, the Dutch themselves preferred the practical, low-cost bicycle with a long head tube and high handlebars they have now become famous for. Such Dutch bicycles on city roads in the Netherlands reportedly grew from about 850,000 to roughly 1,750,000 between 1919 and 1924, when the total number of Dutch bicycles reached 3.3 million.

The lean years took their toll and Dutch bikes flagged in quality and it was difficult to get good bicycles and spare parts unless they were from England, Canada and the USA. Dutch designers began to look at alternatives and innovative experiments included wooden tires, grips and pedal blocks. Protective shields for carbide bike lamps that ran on inexpensive acetylene were also perfected at this time when all types of fuel conservation made sense. The hundreds of bike importers and small shops that either rebranded bikes manufactured elsewhere or adapted safety bicycle frames for specific custom uses, or manufactured limited quantities of bikes themselves, which had mushroomed throughout the Netherlands, were all impacted by these historic vagaries and only the strongest survived.

Albert Fongers, an early Dutch bicycle pioneer who established a small smithy in the far-north city of Groningen in 1871, moved his factory to the south side of the city in 1897 where he had room to expand and produce English-style roadsters like the Rover – the now prototypal Dutch bike. By 1914, he was competing handily with importers of foreign bicycles and other local manufacturers. In 1898, Fongers also produced an experimental folding bike for the military based on British, French

24

5, 6, 7,
8, 9

11

10, 12
46

and American precedents. His reputation for quality bikes garnered army and government contracts that kept 300 employees busy. The economic crisis of the 1920s, the Second World War and a drop in sales led to a buyout by Batavus, another Dutch bike brand based in Heeren-
15 veen, but Fongers' reputation lingers in Groningen where the factory building still stands.

Gazelle, one of the most enduring Dutch brands (to this day), was launched in 1892 by Willem Kölling. He imported a single safety bicycle from England and developed that first purchase into a thriving trade in
24 British and German bicycles. In 1902 he partnered with a metal-smith named Rudolf Arentsen who could also make bike frames and helped
26, 37 Kölling alter and rebrand imported bikes under the Gazelle label, so-named after a graceful roebuck antelope Kölling spotted during a walk in the woods around Dieren. Gazelle grew in size and influence thanks to a thriving trade from the 1920s until the 1940s with the Dutch East Indies,
27, 28 where many original Gazelles still survive in modern-day Indonesia. Collapsible delivery bikes, tandem bikes and even electric bikes were
25 1930s Gazelle innovations. During the 1960s Gazelle introduced its patented three-speed grip shift gear system, a Kwikstep folding bicycle and front-hub drum brakes, which are still a standard for the long-lived company. Gazelle, dubbed Royal Dutch Gazelle at its centennial in 1992 by Princess Margriet, is now owned by Pon.

In 1904, Andries Gaastra, whose son eventually founded the bike
58, 59 company Koga, opened a clocks and farm machinery shop but within a short time he found himself making room for German bikes made by a company called Presto. Before long, in keeping with the trend all around
29 him, Gaastra began making and selling bicycles under his own Batavus label. After 1917 Batavus took over a large bicycle factory, where the brand was continued – even during the 1930s global economic slump – and tricycles, motorcycles and ice skates were added to the range of products. Bicycle production ceased during the Second World War when the factory was commandeered by the German army; but when the war ended and the demand for bicycles increased, a new factory with modern assembly lines revived the manufacturer's prospects.

By the 1970s Batavus was producing more than any other Dutch company and nearly half its production was for the Dutch themselves. Their 32,000 m^2 plant in Heerenveen employed 700 people and rolled out 250,000 bicycles each year. During the latter half of the decade,

Accell Group, blijft het een van de populairste merken in Nederland. De rode Macbikes die te huur zijn bij het Centraal Station van Amsterdam, worden bijvoorbeeld door Batavus gemaakt. Vele internationale wedstrijden zijn gewonnen op racefietsen van Batavus (Monique Knol won op de Olympische Spelen van 1992 brons op een Batavus), maar de omafiets en de bescheiden Batavusfiets met terugtraprem zijn ook nu nog de pijlers van het bedrijf. Amsterdam met al haar fietsenwinkels en fietsfabriekjes en Groningen met haar pionier Fongers waren ongetwijfeld de meest toonaangevende steden voor wat betreft Nederlandse fietsen, hoewel ook Utrecht enkele invloedrijke figuren in de fietswereld heeft voortgebracht. In 1874 demonstreerden Willem Einthoven en zijn tiener-broertje de genoegens van het berijden van een vélocipède en in 1880 bereed Everard Kol, de zoon van een bankier, in Utrecht een van de eerste dure, hoge fietsen. In 1890, ten slotte, opende Willem Gerth de eerste Utrechtse groothandel in fietsen. Gerth speelde slim in op de grote belangstelling die Einthoven en Kol hadden weten te wekken, en begon een rijschool voor fietsers. Zijn zoons William en Henri namen de zaak over en begonnen met het merk Fama, genoemd naar de Romeinse godin van de faam. Er waren in Utrecht nog vele andere grote en kleine fietsengroothandels die van de jaren twintig tot de jaren zestig uit frames en onderdelen fietsen maakten onder een eigen merknaam. De grootste onder hen, zoals Gerth, hadden dealers die hun fietsen in het buitenland verkochten en ze adverteerden in tijdschriften om het iconische beeld van de Nederlandse fiets te verspreiden en populair te maken.

De Britse kolonel Charles Bingham, die in 1880 naar Utrecht kwam om te werken voor de Nederlandsche Rhijnspoorweg-Maatschappij, was lid van de Britse Cyclists' Touring Club en een liefhebber van hoge fietsen. Het jaar daarop hielp hij bij de oprichting van de Nederlandsche Vélocipedisten-Bond in Utrecht en de vorming van fietsclubs. Rond het midden van de jaren 1880 telde Utrecht nog slechts enkele tientallen fietsers, die opzichtig rondreden op de chique Maliebaan, waar de gegoede burgerij zich graag liet zien. Alleen Antoon Oudemans, een fietser die niet tot deze groep behoorde, bereed een hoge fiets die niet zwart of vernikkeld was zoals de meeste rijwielen, maar helder blauw. Als typische individualist diende Oudemans in 1885 bij de gemeente Utrecht een verzoek in voor het aanleggen van een aparte rijbaan voor fietsers en bracht daarmee het eerste fietspad van het land tot stand. Deze ontwikkeling vormde een belangrijk precedent, vooral omdat zelfs Den Haag pas in 1989 een eerste fietspad kreeg.

30, 31, 32, 33, 34

Kolonel Bingham richtte in 1887 aan de Stationsdwarsstraat in Utrecht de Simplex Automatic Machine Company op, die zich in de tien daaropvolgende jaren ontwikkelde tot een bekend fietsmerk. In 1897 verhuisde het bedrijf naar Amsterdam, waar de groei doorzette met de export van fietsen naar Amerika, Denemarken, Frankrijk, Duitsland, Engeland, Zuid-Afrika en Zuid-Amerika. Net als Burgers zou Simplex uitgroeien tot een van de grootste fietsbedrijven van Nederland en dat is misschien wel de grootste bijdrage van Utrecht aan het erfgoed van de Nederlandse fiets. Rond 1909 had Simplex allerlei vernieuwingen ingevoerd, waaronder een unieke driewielerbrancard voor ziekenvervoer, niet-afstelbare lagers in de wielen en bandage-kogellagers die minder wrijving gaven en vijftig jaar lang de standaard voor de industrie zouden vormden. In 1927 kwam Simplex met zelfontworpen trommelremmen ter vervanging van de standaard velgremmen en werd de bediening van de handremmen geïntegreerd met het stuur. Na de Tweede Wereldoorlog en de handelsonderbrekingen, moderniseerde Simplex de fabriek en produceerde een aluminium fiets van 5,5 kilo die zo populair werd dat de jaarproductie ervan tot 35.000 stuks steeg. In zijn lange bestaan als onafhankelijk bedrijf heeft Simplex ruim een half miljoen fietsen gemaakt, totdat het in 1968 samen met andere merken als Juncker door Gazelle werd overgenomen. Dergelijke overnames kwamen steeds vaker voor en steeds meer merken werden opgeslokt door de laatste nog overgebleven Nederlandse fietsfabrikanten, toen het met zowel het fietsgebruik als de fietsfabricage in Nederland bergafwaarts begon te gaan. In 2000 ging Simplex weer in andere handen over, dit keer in die van SAY, een Duitse bedrijvengroep.

Een lijst van alle Nederlandse merken, die gebruikt werden om aangepaste importfietsen en fietsen die plaatselijk werden geassembleerd of gefabriceerd te onderscheiden, kan nooit volledig zijn, omdat sommige merken maar een kort en vluchtig bestaan hebben gekend en al snel door sterkere merken overschaduwd werden. Zo was bijvoorbeeld Simplex in Amsterdam al een gevestigde naam en een begrip voordat Rivertown werd opgericht, volgens historicus Herbert Kuner misschien wel het bekendste Utrechtse fietsmerk onder de vintage fietsen die nog in omloop zijn. Op het hoogtepunt rond 1925 kende Nederland zo'n 4.000 fietsmerken waarvan er 75 alleen al in Utrecht waren gevestigd. Alle fietsleveranciers en -fabrikanten sleutelden aan de basisdriehoek van het frame van de Nederlandse herenfiets en brachten er verbeteringen op aan. Ze ontwikkelden unieke kruisframe-ontwerpen en de gebogen stang van de damesversie die ontleend was aan de Engelse fietsen en die ook

when the USA experienced its first energy crisis, Batavus quickly set up another headquarters in Atlanta, Georgia to fill the need for fuel-efficient transport. Now owned by European cycle conglomerate Accell Group, Batavus is still among the most popular brands in the Netherlands. The fleet of red Macbikes available to rent outside Amsterdam's Centraal Station, for instance, is made by them. Many international races have been won on Batavus racing bikes (Monique Knol won a bronze medal during the 1992 Olympics on a Batavus) but it is still the *omafiets* and humble coaster style Batavus bikes that are the brand's mainstays today.

30, 31, 32, 33, 34

Amsterdam, with its many bike dealers and factories, and Groningen, with the pioneering Fongers, were undoubtedly the leading cities for Dutch bikes; however, Utrecht too has its share of influential bicycling figures. In 1874 Willem Einthoven and his teenaged brother demonstrated the pleasure of riding a velocipede and in 1880 Everard Kol, a banker's son, rode one of the first expensive high bicycles in town. Then, in 1890, Willem Gerth opened Utrecht's first bicycle wholesale dealership. Gerth astutely capitalized on the great interest Einthoven and Kol generated and started a bicycle riding school. His sons William and Henri later took over the business and dealt in their bike brand Fama, named for the Roman goddess of fame. Many other large and small bicycle wholesalers assembled bicycle frames and parts under their own brands from the 1920s until the 1960s in Utrecht. Like Gerth, the largest of them used agents to represent their bikes in foreign markets and advertised in magazines, spreading and popularizing the iconic Dutch bike profile.

British Colonel Charles Bingham, who arrived in Utrecht in 1880 to work for the Rhine Railway Company, was a member of the British Cyclists' Touring Club and a fan of high bicycles. The following year he helped to organize the Netherlands Cyclists' Union in Utrecht and to form cycling clubs. Around the mid-1880s, Utrecht had only a few dozen cyclists who rode conspicuously on posh Maliebaan Avenue where wealthy citizens liked to be seen. But Antoon Oudemans, a cyclist outside this group, rode alone on a high bike that was not black or nickel-plated like most others but bright blue. Ever the individualist, Oudemans petitioned the city of Utrecht in 1885 to institute a separate path for cyclists and won the country's first cycle lane. That was a significant precedent-setting development, especially since even

The Hague did not get a dedicated bicycle path until 1898.

Colonel Bingham founded the Simplex Automatic Machine Company in 1887 at the Stationsdwarsstraat in Utrecht, and over the next decade it evolved into a well-known bicycle brand. It was moved to Amsterdam in 1897 where it continued to grow exporting bikes to the USA, Denmark, France, Germany, England, South Africa and South America. Simplex, along with Burgers, would become one of the Netherlands' biggest bike companies and perhaps that is Utrecht's greatest contribution to the Dutch bike legacy. By 1909 Simplex's innovations included a unique tricycle stretcher for patient transport and non-adjustable wheels and bottom bracket bearings with less friction for its bikes that became an industry standard for half a century. In 1927 Simplex introduced proprietary drum brakes instead of standard rim brakes and incorporated braking mechanisms into the handlebars. In 1939, after recovering from the vagaries of war and market interruptions, Simplex modernized its factory and produced a 12.25-lb aluminium bike whose popularity catapulted production to 35,000 bikes annually. Simplex produced more than a million bikes in its long independent run until 1968 when Gazelle acquired it along with other brands like Juncker. Such acquisitions became commonplace as more and more brands were swallowed by the last remain Dutch bike manufacturers when both bicycle use and bicycle manufacturing waned in the Netherlands. In 2000 Simplex changed hands again and was bought by SAY, a German conglomerate.

A list of all the Dutch brands that were used to distinguish customized imports from locally assembled or locally made bikes can never be complete because some brands were short-lived and ephemeral and eclipsed by stronger brands. For instance, Simplex in Amsterdam had been firmly established and was a household name before Rivertown – perhaps Utrecht's most recognizable bicycle brand, according to historian Herbert Kuner, on most vintage bikes that are still in use – was launched. The Netherlands had approximately 4,000 bicycle brands at its peak before 1925 and Utrecht alone housed about 75 of these. All bicycle purveyors and manufacturers tinkered with and made improvements to the basic triangulated geometry of the men's Dutch bike, unique cross frame designs and the swooping top bar of the women's version derived from English bikes that even many men preferred because of their ease of use. The names of Dutch bikes

veel mannen prettiger vonden in het gebruik. De namen van Nederlandse fietsen zijn een soort tijdcapsules, want ze zijn ontleend aan de namen van de eigenaren of plaatsen van herkomst, aan namen van belangrijke plekken zoals Helvetia en Simplon in de Alpen, aan flora en fauna zoals Meeuw, 't Hert, Kievit en Bison, of aan mythologische figuren zoals Fama, Orion, Minerva en Baldur. Flying Enterprise en Zeppelin verwezen duidelijk naar de manier van reizen waarover begin twintigste eeuw het meest werd gepraat. Veel Nederlandse fietsmerken zoals Simplon, Ugro, Prego, Primarius, Meppel en Crescendo zijn zo goed als vergeten of zijn verdwenen. Het enige wat nog aan hun bestaan herinnert zijn de catalogi, foto's, advertenties of merkplaatjes.

37, 38

De Nederlandse veiligheidsfiets

In 1876 bouwde de Britse ingenieur Henri Lawson een *Safety Bicycle* met kleinere wielen, kettingaandrijving op het achterwiel en luchtbanden naar Amerikaans ontwerp. Tegen het eind van de negentiende eeuw, toen de veiligheidsfiets algemeen was geaccepteerd als een praktisch vervoermiddel, volgden nog kleine verbeteringen. Fietsen was aangenaam, nuttig, gezond en avontuurlijk. De fiets bood jongeren snelheid en vrouwen onafhankelijkheid. Dames uit de hogere kringen en leden van het koninklijk huis fietsten ook, wat de belangstelling verhoogde en dus gingen rijwielfabrikanten lijsten publiceren van vooraanstaande klanten, onder wie Koningin Wilhelmina. Vanuit het sterk geïndustrialiseerde Engeland waaiden ontwikkelingen over het Kanaal die ook Nederlandse fietsfabrikanten een kans bood om fietsers van alle klassen en standen te voorzien van voertuigen voor ontspanning en sport of voor goedkoop woon-werkverkeer. Bakfietsen en transportfietsen waren rond de eeuwwisseling niet meer weg te denken uit het verkeersbeeld in de Nederlandse steden. Ze hadden hun oorsprong in Engeland, maar met de komst van unieke bakjes voor allerlei soorten bestellingen ontstonden al snel allerlei verschillende transportfietsen. Speciale fietsen voor telegram- en postbestellers, politieagenten, brandweermannen, koeriers en soldaten werden een heel gewoon verschijnsel.

40, 41, 42

8

De toekomst van de Nederlandse fiets zag er zo rooskleurig uit dat het tijdschrift *Bicycling World* in 1902 de profetische voorspelling deed dat de talloze miljoenen Chinezen wel eens 'de beste buitenlandse markt ter wereld' konden worden. Amper een halve eeuw later namen auto's echter de steden over en overal in de westerse wereld ondervond de fiets een enorme terugslag. Import van fietsen uit Taiwan en China – ironisch genoeg nu de grootste fietsproducenten ter wereld – deed het merendeel

van vooraanstaande Amerikaanse en Britse fabrikanten de das om, evenals de meeste van de honderden oude Nederlandse merken, waarvan er nu nog maar een handvol over is.

Een wereldwijde economische crisis in 1897 – amper zeven jaar na de troonsbestijging van Koningin Wilhelmina – had het einde kunnen betekenen voor alle Nederlandse fietsfabrikanten en voor de Nederlandse fiets als zodanig. Dat gebeurde echter niet. De veiligheidsfiets, dat bijna volmaakt nuttige gebruiksvoorwerp, bleef gedurende de hele eerste helft van de twintigste eeuw in Nederland overeind en populair, vooral tijdens de crisis van de jaren dertig en de wereldoorlogen.

43, 44, 45, 47, 48

Tijdens de Eerste Wereldoorlog kwam de Nederlandse export naar Azië en andere landen volledig stil te liggen, maar in het thuisland had de goedkope fiets zijn nut en bleef hij populair. Door de schaarste aan grondstoffen, was de sobere, op zwaar werk berekende Nederlandse fiets naar model van de Engelse toerfiets ideaal om overal goedkoop te kunnen komen. De prijs was inmiddels gedaald van enkele honderden guldens tot amper vijfentwintig gulden. Zelfs in 1923, tijdens een van de slechtste economische perioden, toen in de Verenigde Staten fietsen werden verdrongen door motorfietsen en auto's en nieuwe fietsen daar alleen nog als kinderspeelgoed werden gemaakt, bleef Nederland fietsen bouwen voor alle leeftijden in fabrieken in en rond Amsterdam, Groningen en Utrecht. In 1924 stonden zelfs op de parkeerterreinen van autofabrieken de fietsen van werknemers twee rijen dik.

Eind jaren twintig en in de jaren dertig zag je overal de beste Britse toerfietsen, met een volledig driehoekig frame voor mannen, en voor vrouwen een frame met gebogen stang die onderaan de zitbuis eindigde. Deze werden in Nederland verkocht of er werden soortgelijke fietsen gemaakt met verbeteringen zoals hogere handgrepen waardoor je beter rechtop kon zitten. Deze fietsen zonder stang voor vrouwen, die nu bekend staan als omafietsen, kwamen op rond dezelfde tijd dat de vrouwenbeweging voor kiesrecht successen begon te boeken in Scandinavië, Duitsland, Engeland en de Verenigde Staten. Deze fietsen hadden een opmerkelijke en onverwachte maatschappelijke impact in Nederland waar, net als in Engeland, honderden vrouwen begonnen te fietsen. De nieuwe, speciaal voor hen ontworpen en geperfectioneerde frames gaven vrouwen een gevoel van vrijheid, waardoor ze zich onbelemmerd en zelfstandig konden verplaatsen. Ook de mode werd erdoor beïnvloed; omdat het fietsen met wijde rokken niet praktisch was, gingen vrouwen 'ballonbroeken' dragen en uiteindelijk zelfs echte broeken. Hoewel er ook mannen waren die vanwege het gemak of de veiligheid

are like time-capsules derived either from the owners' names and home-towns, from names of significant sites like Helvetia and Simplon in the Alps, from flora or fauna like Meeuw, 't Hert, Kievit, Bison or from mythological figures such as Fama, Orion, Minerva and Baldur. Flying Enterprise and Zeppelin obviously referred to the most talked about means of travel at the beginning of the twentieth century. Many Dutch bike brands, including Simplon, Ugro, Prego, Primarius, Meppel and Crescendo, have been nearly forgotten or have disappeared, leaving just catalogues, photographs, advertisements, or just their headbands as a reminder of their existence.

37, 38

The Dutch Safety Bike

In 1876 British engineer Henry Lawson created a 'Safety Bicycle' with smaller wheels, a rear-wheel chain drive and American-style pneumatic tires. By the end of the century, with universal acceptance of the safety bike as a practical machine, came other incremental improvements. Bicycling was a source of pleasure and utility and exercise and adventure. To youths the bike offered speed, and to women independence. Society women and royals on bikes helped to spur interest and so bicycle makers began to publish lists of distinguished patrons including members of the Dutch royal family, such as Queen Wilhelmina. From heavily industrialized England, opportunities began to ripple across the English Channel to Dutch bike makers as well to provide riders of all classes with vehicles for leisure sport and exercise or to get to work cheaply. The *bakfiets* or work tricycles had become a typical sight in Dutch cities at the turn of the century. They had their roots in England but soon with the introduction of unique storage boxes used for all kinds of deliveries they led the way for work bikes of all kinds. Bikes for letter and telegraph carriers, policemen, firemen, messengers and soldiers became the norm.

40, 41, 42

8

The future of the Dutch bike looked so strong that *Bicycling World* magazine prophetically declared in 1902 that China's countless millions could prove 'the best foreign market on the globe'. However, just half a century later, cars took hold of cities and the lights dimmed every-where in the Western world for bikes. Imports from Taiwan and China – ironically the world's largest producers of bikes – decimated many prominent American and British manufacturers as well as most of the hundreds of old Dutch brands of which only a handful remain.

43, 44, 45, 47, 48

A global economic crash in 1897 – just seven years after the Netherlands' longest-reigning Queen Wilhelmina ascended the throne – could
have spelled permanent disaster for all Dutch bike makers and the
Dutch bike as we know it. That did not happen. In the Netherlands,
the safety bike, a nearly perfect utilitarian object, remained intact and
popular, especially during the Great Depression of the 1930s and
subsequent wars that plagued all of Europe during the first half of the
twentieth century.

During the First World War, Dutch shipments to Asia and exports
to other countries came to a standstill, but at home the inexpensive bike
made sense and remained popular. Since raw materials for any kind
of vehicle were scarce, the spare heavy-duty English roadster-style
Dutch bike was ideal for getting around cheaply and, for a variety of
reasons, its price also fell from several hundred guilders to just about
25 guilders. Despite one of the worst economic periods in 1923 when
bikes were being replaced in the USA by motorcycles and cars and
new bikes were made as children's toys, the Netherlands continued
to manufacture bikes for all ages in factories centred in or near
Amsterdam, Groningen and Utrecht. Even auto factory parking lots
in 1924 were filled with double rows of workers' bikes.

By the late 1920s and throughout the1930s the best British roadster cycles with angular triangulated frames for men, and frames with
curved top bars that swooped down to attach to the seat post for women
were everywhere. The Netherlands either sold those or made similar
versions with improvements such as higher handlebars that allowed
a better sitting posture. Now called *omafietsen*, such pass-through
bicycles for women emerged and evolved at about the time of successes
for the women's suffrage movement in Scandinavia, Germany, England
and the USA. They had a remarkable and unexpected social impact
in the Netherlands where, as in England, hundreds of women took to
bicycling. The new frames designed and perfected for women brought
a sense of freedom and made unencumbered, independent travel
possible. They impacted fashions as well and, because bicycle riding
required clothing more practical than voluminous skirts, women chose
to wear 'balloon' trousers and eventually even actual trousers. While
some men also chose the *omafiets* for easier, safer riding, for women
riders of all classes it became an emblem of democracy and emanci-
pation from the rigid mores of the time that held women back.

1 De draisine werd voortbewogen door je stevig af te zetten met je voeten. De fatterige heren die ermee pronkten op stadspleinen werden al snel onderwerp van spotprenten, waardoor het enthousiasme voor deze archetypische fiets in de kiem werd gesmoord. /
The Draisine relied on sturdy foot thrusts for propulsion. Its foppish male users who paraded them in city squares quickly began to be parodied in the press, effectively curbing broader enthusiasm for the archetypal bike.

2 De houten vélocipède van Henricus Burgers, 1869 /
Henricus Burgers's wooden velocipede, 1869

3 Op oude tegels van Gazelle staat de geschiedenis van de Nederlandse fiets afgebeeld: een vrouw op een draisine; een man op een achter aangedreven tweewieler uit de jaren 1860; een sportman op een met ketting aangedreven versie van de Nederlandse 'veiligheidsfiets' uit 1895; een burgerman op een semi-ligfiets uit 1921 met pedalen en voorwielsturing. / Vintage Gazelle ceramic tiles depict the history of Dutch bikes: a woman riding a draisine; a man on a rear-drive bicycle from the 1860s; a sportsman on a 1895 chain-drive version of the Dutch 'safety' bike; a middle-class man riding a 1921 semi-recumbent style foot crank bike with front steering.

4 Rover-achtige fietsen uit de vroege jaren 1900 lijken op de fietsen van Burgers. Ze hebben kleinere wielen van 26 inch, een rechter, ruitvormig buisframe, directe besturing en een licht gebogen voorvork waardoor de handvatten goed in het bereik van de berijder komen. /
Early 1900s Rover-style bikes resemble bikes by Burgers. They have smaller 26-inch wheels, a straighter tubular diamond-shaped frame, direct steering and a slightly sloping fork that brings the handlebars comfortably within reach of the rider.

5, 6 De winkel van Bergmeijer of Bergrijer in Amsterdam, waar begin twintigse eeuw Raleigh-fietsen en andere geïmporteerde (en vervolgens aangepaste) merken werden verkocht. /
The Bergmeijer or Bergrijer store in Amsterdam, which traded in Raleigh bikes and other imported brands that it later adapted, early twentieth century.

7 Commercieel haalbare Rover-achtige 'veiligheidsfietsen' met het stuur direct aan een gebogen voorvork werden al snel populairder dan 'gewone' hoge fietsen en vélocipèdes. Zelfs politieagenten en beambten reden erop. / Commercially viable Rover-style safety bikes with handlebars attached directly to a raked front fork outpaced 'ordinary' high cycles and Penny-farthing bikes in popularity and even policemen and officials rode them.

8 Speciaal gemaakte bakfietsen van Bergmeijer, begin twintigste eeuw /
Custom Bergmeijer *bakfietsen*, early twentieth century

9 Driewieler van Bergmeijer, ontworpen voor gehandicapte gebruikers, Amsterdam / Bergmeijer tricycle, designed for handicapped users, Amsterdam

10 **De nieuwe, grote fabriek van Fongers, Groningen-Zuid, 1910 /**
Fongers expanded factory in the south side of Groningen, 1910

11 Affiche met een soldaat op een opafiets buiten de Fongersfabriek, jaren twintig / Poster showing a soldier atop an *opafiets* outside the Fongers factory, 1920s

12 In 1884 begon de Nederlandse fietspionier Albert Fongers fietsen te produceeren onder zijn eigen merk. / By 1884 Dutch bike pioneer Albert Fongers was producing bicycles under his own label.

13 In 1902 introduceerde Fongers Britse X-frame versies van de Nederlandse fiets, hier te zien op de cover van *De Kampioen*. / By 1902 Fongers had introduced British-style X-frame versions of the Dutch bike, seen here on the cover of *De Kampioen*.

14 De firma Locomotief startte in de jaren vijftig de productie van X-frames voor damessportfietsen weer op. / Locomotief resumed production of X-frames for ladies' sport bikes during the 1950s.

15 Een merkplaatje met de merken Phoenix, Fongers en Germaan, in gebruik van 1963 tot 1970. / A multiple-brand head badge showing Phoenix, Fongers and Germaan, used between 1963 and 1970.

16 Folder van Union, een belangrijk Nederlandse fietsmerk van rond de eeuwwisseling dat bekend stond om zijn klassieke ontwerpen. / A pamphlet for Union, another important turn-of-the-century Dutch bike brand associated with classic designs.

MAAR HET LAATSTE WOORD SPRAK
d' UNION

18 Advertenties voor vroeg-twintigste-eeuwse fietsen vergeleken de deugden van het fietsen met de onzekerheden van het paardrijden of wandelen. / Advertisements for early twentieth-century bikes contrasted the virtues of bike riding with the vagaries of horse riding or walking.

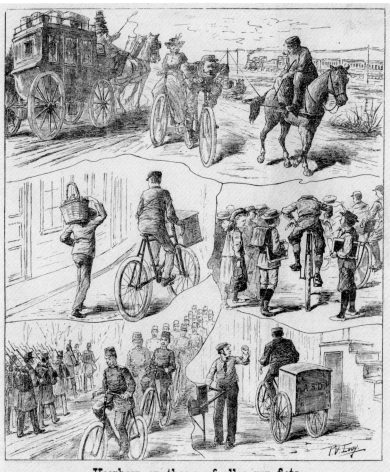

Voorheen en thans, of alles per fiets.

19 Een reclamefolder van Gazelle met plaatjes van 1817, toen de eerste draisines verschenen, tot 1934, toen de florerende Nederlandse fietswereld zwaar te lijden kreeg onder de wereldwijde economische crisis en de naderende Tweede Wereldoorlog. /
An advertising booklet from Gazelle depicts images from 1817, when the first draisines appeared, until 1934, when the booming Dutch bike world was interrupted by global economic woes and by another World War.

20 De meeste succesrijke fietsfabrieken maakten reclame voor hun merk
met fietsen die waren ontworpen voor races op houten banen, zoals die in het
oude Amsterdamse velodroom in 1930. /
Most successful bike companies promoted their brands via bikes designed
for speed racing on wooden tracks, such as those at the old 1930s Amsterdam
velodrome.

21 Bij het 'stayeren' rijden wielrenners achter motoren aan om vaart te maken. /
Speed-racing cyclists sometimes followed a rider on a motorcycle to be shielded
from the wind.

22 Ook Gazelle stimuleerde het wielrennen, zoals blijkt uit deze brochure. / Gazelle was among brands that actively supported racing as indicated by this brochure.

23 Een tegeltableau uit 1923 — uitgereikt aan de best presterende dealers — voor opafietsen van Gazelle. / A 1923 Dutch tile plaque – a reward for high-performing dealers – for Gazelle *opafietsen*.

24 In 1902 ging Kölling samenwerken met Arentsen om fietsframes te maken en geïmporteerde fietsen aan te passen, die dan onder hun eigen merknaam Gazelle werden verkocht, zoals deze omafiets. / Kölling's 1902 partnership with Arentsen to make bike frames and alter and rebrand imported bikes under their Gazelle label like the *omafiets* below.

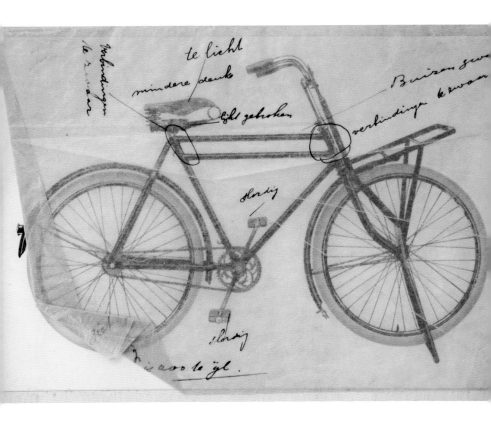

>
26 , 27, 28 De historische Gazellefabriek in Dieren, 1892. Gazelle groeide
tussen de jaren twintig en de jaren veertig dankzij een bloeiende handel met
Nederlands-Indië. In de twintigste eeuw werden fiets-fabricagemethoden zoals
de lopende band overgenomen door autofabrikanten. /
The historic 1892 Gazelle factory in Dieren, 1892. Gazelle grew in size thanks to
a thriving trade from the 1920s to the 1940s with the Dutch East Indies. During
the twentieth century, its bike assembly line manufacturing methods were
adapted for car manufacturing as well.

29 Collage van klassiek reclamemateriaal voor de populaire Batavus omafiets / A collage of vintage advertising graphics for the popular Batavus *omafiets*

30 Batavus, onderdeel van de Accell Group, bouwt nog steeds zijn beroemde omafiets. / Batavus, a part of the Accell Group, still makes the signature *omafiets*.

31, 32, 33, 34 Batavus produceert nog steeds de traditionele oma- en opafiets (31) waarmee het groot is geworden maar heeft de Nederlandse fiets wel aangepast met geïntegreerde bagagedragers (32), kleine verbeteringen zoals bij de Batavus Boris (33) en E-bike versies als de Batavus Fuego (34). / Batavus continues its traditional *omafiets* and opafiets (31) mainstays, but has updated the Dutch bike with integrated carrier racks (32), incremental tweaks as in Batavus Boris (43), and E-bike versions like Batavus Fuego (34).

35 Deze klassieke kettingwielen van Union en Gazelle zijn mooie voorbeelden van de grafische zorg die aan merkonderdelen werd besteed. / Vintage chain rings made for Union and Gazelle bikes demonstrate the graphic beauty of branded components for Dutch bikes.

>

36 Hedendaagse ontwerpers kunnen inspiratie putten uit vroeg-
twintigste-eeuwse catalogi van Batavus met afbeeldingen van opmerkelijk
ontworpen fietsonderdelen. /
Contemporary designers can draw inspiration early twentieth-century
Batavus catalogs which show distinctively designed bike components.

BELLEN.

No. 49. Starbel,
prima kwaliteit.

No.50. New-Departurebel.

No. 51. Prima Bel,
met rand.

No. 52. Prima Bel,
met rand.

No. 53. Klein model bel,
New-Departure.

No. 54. Goedkoope Bel,
Schaal : 65 mM.

No. 55. Goedkoope Bel,
Schaal : 60 mM.

No. 56. Princesse Bel,
Hoogfijne klank,

No. 57. Prince Bel,
Sterke klank,
1ste klas fabrikaat.

 Ik vestig speciaal Uwe aandacht op mijne Batavus Banden

BELLEN.

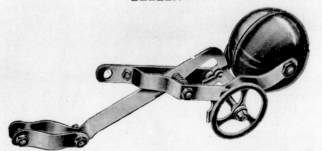

No. 58.   Groote Bandbel, met lederen trekker.

No. 59.
Kleine Bandbel,

Helder geluid.

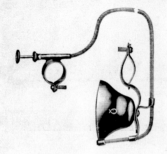

NIEUW   -:-   NIEUW

No. 60.
SPAKENBEL,
vervaardigd van zuiver Klokkenmetaal.

Rijwielfabriek - BATAVUS - Heerenveen.

Kettingen en Freeweels.

No. 99.   **BATAVUS KETTING.** — Verkrijgbaar in alle maten. — Prima prima kwaliteit.
Engelsch fabrikaat met verzonken klinksels.

No. 100.   **B-KETTING.** — Goede kwaliteit.

No. 101.   **Alfred Applebij Ketting.**
Bekende prima kwaliteit.

No. 102.   **Origineel Renold Ketting.**

No. 105.

Bown Freewheel
Prima kwaliteit.
Voorradig in alle maten.

No. 105A.
Perry Freewheel.
Alle maten.

No. 103.   **VILLIERS KOGEL FREEWHEEL.**
Alle maten.

No. 104.

B. S. A. Origineel Freewheel.
Alle maten.

Rijwielfabriek - BATAVUS - Heerenveen.

Cranks en Pedalen.

No. 107.   Losse Crank.

No. 106.   Driepoot Crank.

No. 108.   Brampton Pedaal.
Prima rubbers.

No. 110.   Philips de Luxe pedaal.

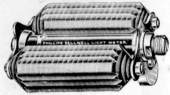

No. 109.   Brampton Pedaal.
Prima rubbers.

No. 111.   Philips lederblok, Transport pedaal.
No. 111A.   Goedkoop lederblok, Transport pedaal.

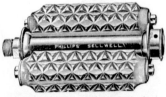

No. 112.   Philips Telwell Pedaal.
Met prima, prima rubbers.

No. 113.   Pedaalrubbers. Goede kwaliteit.
No. 113A.   Prima prima kwaliteit.

No. 112A.   Goedkoope Philips Pedaal.

37 Merkplaatjes. Het koperen plaatje (midden onder) werd in 1922 ontworpen door André Flanders ter gelegenheid van de 250.000ste Gazellefiets. In 1963 is hetzelfde ontwerp in aluminium uitgevoerd (rechtsboven) en tegenwoordig is het van plastic en siert het 14 miljoen fietsen. Op het koperen plaatje links-onder, uit ca. 1912, staan de namen van de beide oprichters Arentsen en Kölling. De twee moderne merkplaatjes waren voor huurfietsen (midden boven) en voor een Gazelle Road Cruiser uit 1988. /
Head badges. One made of brass (bottom centre) was designed by Andre Flanders in 1922 to celebrate Gazelle bike number 250,000. In 1963 the same design was made of aluminium (top right) and now it is made in of plastic for about 14 million bikes. The brass badge on the lower left, circa 1912, depicts the names of Gazelle founders Arentsen and Kölling. The two modern head badges were used for rental bikes (top centre) and a 1988 Gazelle Road Cruiser.

38 Merkplaatjes zijn vaak het enige wat nog rest van de honderden Nederlandse fietsmerken. / Head badges are often the last vestiges of hundreds of Dutch bike brands.

MAGNEET

PHOENIX

LEEUWARDEN

VULKAAN

RIJWIEL

VENRAY

E.B. UITERMARK

't HERT

UTRECHT.

249.

39 In de laat-negentiende en vroeg-twintigste eeuw werden veel fietsmerken vernoemd naar de oprichters of naar de plek van oprichting. Sommige, zoals Locomotief, werden vernoemd naar belangrijke uitvindingen in die tijd. Andere, zoals Vulkaan, werden vernoemd naar natuurverschijnselen. Gazelle, Phoenix en 't Hert waren gebaseerd op echte of mythische dieren. /
Many late nineteenth-century and early twentieth-century Dutch bike brands were named for their creators or the places they were founded. Some, like Locomotief, were named after great inventions of the time. Others, like Vulkaan, were named for natural phenomena. Some, like Gazelle, Phoenix and 't Hert were named for real or mythical animals.

40 Plaatjes van een merk dat was vernoemd naar Koningin Wilhelmina, die een enthousiast fletser was. Haar beeltenis op een plaatje uit 1896 (linksboven) wijkt sterk af van andere plaatjes die ontleend waren aan haar beeltenis op muntstukken. /
Head badges for a namesake brand honouring Queen Wilhelmina, an avid cyclist. Her portrait on an 1896 badge (top left) differs from others that reflect images that appear on Dutch coins.

41 Prinses Juliana en prins Bernhard op een tandem tijdens hun verlovingstijd,
1936 / Dutch Princess Juliana and Prince Bernard on a tandem during their
engagement period, 1936

42 Koningin Juliana op de fiets tijdens een bezoek aan Schiermonnikoog,
15 juli 1967 / Queen Juliana riding a bicycle during a visit to Schiermonnikoog,
15 July 1967

43 Op een tandem met zijspan kon je het hele gezin vervoeren. / Tandem bikes were used with sidecars to transport an entire family.

44 In de magere jaren tijdens en tussen de oorlogen werd de Nederlandse fiets een populair vervoermiddel, omdat hij praktisch en goedkoop was. / During the lean years during and between wars, Dutch bikes became popular vehicles because they were practical and economical.

Jong en oud gebruikte de fiets om zich door de stad te verplaatsen. /
Both young and old people used bikes to get around Dutch cities.

46 Deze experimentele vouwfiets met kleine wielen werd in 1906 ontworpen door Fongers voor het Nederlandse leger en had zelfs een reserveband. / A 1906 experimental small-wheeled foldable bike designed by Fongers for the army even had a spare tyre.

47 Johan van Dijk op zijn fiets met een driepootladder als aanhanger, 1943 /
Johan van Dijk on his bike with a tripod ladder serving as a trailer, 1943

48 De fiets werd zo'n alledaags verschijnsel dat zelfs Sinterklaas op de fiets werd gesignaleerd, 25 november 1973. /
Dutch bikes became so pervasive that even 'Saint Nicolas' could be seen riding a bike, 25 November 1973.

49 In het Utrechtse huis, tevens museum, van Otto Beaujon, voorzitter van de Historische Vereniging De Oude Fiets, bevindt zich veel materiaal over zowel de Nederlandse fiets als de Nederlandse geschiedenis. Zo wordt de groeiende populariteit van de auto na de jaren vijftig aanschouwelijk gemaakt met een Lucia-fietslamp uit 1964 van de fietslamp- en dynamofabriek Koot in Montfoort, die is gemaakt van plastic in plaats van het gebruikelijke verchroomde koper. De lamp lijkt op een Amerikaanse speelgoedauto met staartvinnen. /
The home and museum of Otto Beaujon, the chairman of the historic 'Old Bike Club' (Historische Vereniging De Oude Fiets), in Utrecht features objects representing both bicycle design as well as Dutch history. For instance, the rising popularity of cars after the 1950s is evidenced in Beaujon's collection in the shape of a 1964 Lucia bike headlamp made of plastic instead of customary chromed brass by headlight and dynamo firm Koot in Montfoort; it resembles an American toy car with tail fins.

50 Reclame-ansichtkaart van De Groninger Rijwielenfabriek A. Fongers, 1908, illustrator onbekend / Advertisement postcard of the De Groninger Rijwielenfabriek A. Fongers, 1908, artist unknown

51 De stripfiguur Piet Pelle bracht Nederlandse kinderen en eigenlijk het hele Nederlandse volk een diepgewortelde liefde voor fietsen bij. Het Piet-Pelleboekje was bijna even wijdverbreid als de Bijbel. / The character Piet Pelle helped to instil a deep-seated love of bikes in Dutch children and the nation. Pelle books were nearly as widely circulated as the Bible.

voor een omafiets kozen, werd deze voor vrouwelijke fietsers uit alle lagen van de bevolking een symbool van democratie en emancipatie tegenover de strenge mores van de tijd, die vrouwen belemmerden. De Nederlandse strategieën om mensen op de fiets te krijgen, hadden gewerkt en de steden werden systematisch voorbereid op het fietsen. In 1936 werd zelfs in het Central Park in New York een fietspad aangelegd. In 1939, toen na de crisis auto's wereldwijd te duur waren, beleefde de Nederlandse fiets zelfs een korte heropleving in de Verenigde Staten. Inmiddels had in Nederland één op de twee mensen een fiets. Alleen al uit Amsterdam vertrokken elke werkdag 400.000 fietsers. Een Amerikaanse reiziger zou hebben opgemerkt dat de Nederlanders bekwame fietsers waren 'van de prinses tot en met de nederigste schoon-

41   maakster'. Uiteindelijk verloor zelfs in Nederland rond 1950 de fiets terrein
49   aan de motorfiets en de auto. De historicus David Herlihy poneerde daar-over de prikkelende stelling, dat elders juist de vroege, wijdverbreide populariteit van de fiets medeverantwoordelijk was voor de gestage afname van het gebruik ervan na de jaren dertig. Fietsen was geen exclu-sieve aangelegenheid meer en bij de welgestelden – vooral de eerste gebruikers in Engeland en de Verenigde Staten – stond het fietsen niet langer op de eerste plaats bij recreatie en sport. Herlihy stelt dat het lang uitblijven van de ontwikkeling van de vrijloop en variabele versnellings-systemen nadelig heeft gewerkt voor de bredere acceptatie van de fiets, zelfs daar waar mensen fietsen bleven gebruiken voor recreatieve doeleinden.

In het supervlakke Nederland, waar nauwelijks heuvels te vinden zijn, gaf de standaard stoere veiligheidsfiets zonder versnellingen of rem nauwelijks problemen en de Nederlandse fiets bleef nog lang ongewijzigd in gebruik. Nederland werd een soort kweekvijver waarin de wereld kon bekijken wat mogelijk was binnen een volledige fietscultuur. Gedurende die periode werden diverse vernieuwingen, zoals de kettingloze aan-drijving en het gestuiklaste stalen buisframe met een sterkere, driehoekige vorm, geruisloos doorgevoerd bij de Nederlandse fiets. Andere experi-menten, zoals het Amerikaanse aluminium frame, de lichtgewicht vouw-fiets voor het Franse leger, de geveerde fiets met een hangmatzadel van de Deense ontwerper Mikael Pedersen, en de baanbrekende maar mislukte Amerikaanse Easy Chair ligfiets, hadden nauwelijks invloed op de Nederlandse veiligheidsfiets. Opeenvolgende verbeteringen aan het ontwerp van de Nederlandse fiets en uitgebreide reclamecampagnes hielden de belangstelling ook levend. De pieken en dalen van de fiets

50   vielen samen met een Gouden Eeuw voor reclame-illustraties, campagnes

voor betere wegen en kinderstripboeken die de blijde boodschap van de fiets verkondigden.

Als commercie de enige drijfveer was, heeft dat wel gewerkt. Toch hadden inmiddels klassieke stripboekfiguren als Piet Pelle, in 1908 door illustrator Ko Doncker gecreëerd voor de Gazelle-fietsfabriek, een veel dieper en verder reikend effect bij het klaarstomen van een heel land om fietsen te beschouwen als onmisbaar voor vooruitgang, onafhankelijkheid en cultuur. In het boekje, met een oplage van vele tienduizenden, reed Piet Pelle op zijn Gazelle over spijkers, stenen en ruw terrein, botste op treinen en werd achternagezeten door stieren – wat hij allemaal over-leefde – en welhaast alle kinderen 'tussen de leeftijd van 8 en 80 jaar' hadden over hem gehoord of gelezen. Via de avonturen van Piet Pelle leerden ze allemaal op symbiotische wijze de kwaliteiten kennen van de robuuste, milieuvriendelijke Nederlandse fiets. Het personage van Piet Pelle (in de jaren vijftig door Gustaaf Boissevain opnieuw tot leven ge-wekt) is tot op de dag van vandaag in zowel Nederland als het voormalige Nederlands-Indië bekend, dankzij posters, kinderboeken en een teken-filmpje van Theo Güsten uit 1930. De successen van Doncker, Boissevain en Güsten in de vorming van een 'fietsbewustzijn' kregen een vervolg met twee nieuwe avonturen, die in de jaren zestig in dichtvorm voor Gazelle geschreven werden door Kees Stip. In die tijd werd op Nederlandse scholen de boodschap opnieuw verwoord voor een generatie fietsers, die bijzonder openstond voor de gezonde, milieuvriendelijke wereld van het fietsen. Scholen gingen jonge kinderen bewust maken van de voor-delen, maar ook gevaren van het fietsen in de stad, zodat ze niet alleen enthousiaste fietsers zouden worden, maar later ook betere auto-mobilisten. In zekere zin heeft Piet Pelle bijgedragen aan het vervagen van het onderscheid tussen fietsen en autorijden, en het idee versterkt dat allebei goed konden zijn: het een voor de stad en het ander voor langere afstanden. Het rijden op een Nederlandse fiets is nu een kwestie geworden van een persoonlijke, milieubewuste en politiek correcte keuze, en aan de fiets zelf worden eigenschappen toegekend als betrouw-baarheid, betaalbaarheid, lange levensduur en een perfect ontwerp.

Tussen beide wereldoorlogen in, toen de gewone man zich nog geen auto kon permitteren, produceerden Groot-Brittannië, Frankrijk, Duitsland, Italië, de Scandinavische landen en Nederland allemaal Nederlandse fietsen om te voldoen aan de wereldwijd groeiende vraag. Zoals tientallen jaren eerder al was voorspeld, importeerde China gigan-tische hoeveelheden fietsen uit Duitsland, Japan en Groot-Brittannië. In Europa werden ook lichtere toerfietsen ontwikkeld met onderdelen

Dutch strategies to convince people to get on bikes had worked and cities were systematically prepared for them. In 1936 New York's Central Park was also inspired to open a bike lane. In 1939 after the Great Depression when cars were too expensive all over the world, Dutch bikes made a brief comeback even in the USA. Meanwhile, in the Netherlands, there was a bike for every other citizen. Every weekday, 400,000 cyclists streamed out of Amsterdam alone. The Dutch, spared from the noise and smell of gasoline, took the time to notice nature. An American traveller reportedly observed that the Dutch were accomplished bicyclists 'from the princess down to the most humble scrubwoman'. While bike use eventually waned even in the Netherlands by mid-century due to motorbikes and cars, historian David Herlihy suggests provocatively that elsewhere it was in fact the early widespread popularity of bikes that led to a steady decline in use after the 1930s. Bike riding had lost its exclusivity and the rich – especially early adopters in England and the USA – no longer chose it for recreation and sport. Herlihy posits that the much-delayed development of a freewheel and variable gearing systems prevented people from accepting bikes more widely even in places where people continued to use bikes for recreation.

41
49

In the super-flat Netherlands, where hills are non-existent for the most part, the basic heavy-duty single-gear safety bike with no brakes posed almost no problems and Dutch bikes remained in use just as they were for a much longer time. The country became a sort of Petri dish for the world to observe what was possible in an all-bike culture. During that time several innovations, such as shaft-driven chainless mechanisms and butted steel tube frames with a stronger, triangulated geometry, were quietly absorbed into the Dutch bike but other experiments such as American aluminium frames, a lightweight folding bike for the French military, Danish designer Mikael Pedersen's suspension bike with a hammock seat and a pioneering though short-lived American Easy Chair recumbent bike did little to significantly change the Dutch safety bike. Cumulative improvements to the design of Dutch bikes and extensive advertising also kept interest in them alive. The cycle boom and bust coincided with a golden age of advertising illustration, campaigns for better roads and children's comic books that spread the word about bikes.

50

If commerce was the motivation, it worked, but enduring comic book characters such as Piet Pelle, created for Bicycle factory Gazelle

in 1908 by illustrator Ko Doncker, had a deeper, far-reaching effect in grooming an entire nation to think of bikes as essential to progress, independence and culture. In this comic book, of which tens of thousands were printed, Piet Pelle rode his Gazelle ragged over nails, rocks and rough terrain, he collided with trains and was chased by bulls – and survived – and there was hardly a child 'from 8 to 80 years old' who had not seen or heard of him in the Netherlands. Through Piet Pelle, they all learned about the virtues of the tough, eco-friendly Dutch bike symbiotically. The Piet Pelle character (revived in the 1950s by Gustaaf Boissevain) is known to this day in the Netherlands as well as in the former Dutch East Indies through posters, children's books and even a 1930 animated film by Theo Güsten.

Doncker, Boissevain and Güsten's successes in shaping a bike-riding mindset were reprised with two new Piet Pelle tales by poet Kees Stip for Gazelle during the 1960s, when Dutch schools began renewing the message for a generation of riders eager to return to the healthful, environmentally-safe world of bike riding. Schools began to make young children aware of the rewards and dangers of biking in cities so that they would be avid bike users as well as safer car drivers behind a steering wheel. In some way Piet Pelle helped to blur the distinction between riding a bike and driving a car and reinforced the idea that they could be equally good – one for the city, and the other for distances. In any case, for the Dutch who have only one word for both 'riding' and 'driving' the notion of 'driving' their bike to work is normal. Riding a Dutch bike now has become a matter of personal, environmentally and politically correct expression and the bike itself is imbued with qualities such as reliability, affordability, longevity, and perfect design.

Between the two World Wars, when cars had not yet become affordable for the masses, Britain, France, Germany, Italy, the Scandinavian countries and the Netherlands all produced Dutch bikes to meet the rising world demand. China, as predicted decades earlier, was importing large fleets of bikes from Germany, Japan and the UK. Europe also developed touring bicycles that were lighter, with aluminium alloy parts and multiple gears. Cycle camping, which began in Germany, became popular in the flat Netherlands as well. Along with Denmark and Sweden, the Netherlands had become one of the world's most bike-friendly nations. The bike was for recreation, work and school. If the

uit aluminium legeringen en met meerdere versnellingen. Het fiets-
kamperen, dat in Duitsland was ontstaan, werd ook in Nederland populair.
Naast Denemarken en Zweden was Nederland een van de meest fietsvriendelijke landen ter wereld geworden. De fiets was er voor recreatie,
werk en school. De crisis van de jaren dertig had de toename van het
aantal auto's op wegen die voor langzaam verkeer bedoeld waren, lang
genoeg vertraagd om het fietsen een oppepper te geven, maar ook de
Tweede Wereldoorlog bezorgde de fiets in Europa een grote rol. Bij
schaarste van olie en staal lag het gebruik van lichtgewicht tweewielers
voor de hand en dat leidde ertoe dat de nuchtere Nederlandse fiets zich
over het hele continent verbreidde. De karakteristieke oma- en opafietsen
met hun rechte zit, die nu ook naar Engeland geëxporteerd werden, waren
een symbool van persoonlijke vrijheid en hun betekenis groeide tijdens
de Duitse bezetting van Nederland na 1940. Na de oorlog gebeurde er iets
opmerkelijks. Vanwege de rol die hij had gespeeld als vervoermiddel in
het verzet, werd de Nederlandse fiets een symbool van de overwinning.
Amerikaanse soldaten die in Europa voor het eerst kennis hadden gemaakt
met dergelijke fietsen, wilden die na de oorlog thuis ook hebben. Anderen
hadden gewoon hun zinnen gezet op die nostalgische carbidlamp of door
een dynamo aangedreven fietslamp, handremmen, de Britse Sturmey-
Archerversnellingen met drie standen of de van racefietsen afgekeken
basistechnologie.

Nog een reden waarom het iconische ontwerp van de oer-Neder-
landse fiets na de Tweede Wereldoorlog onveranderd bleef, was de
ontdekking van een enorm aardgasreservoir in de jaren vijftig in Nederland. Door de daaruit voortvloeiende welvaart nam het fietsen drastisch
af en het autogebruik evenredig toe. Ondanks de verder ideale fiets-
omstandigheden – Nederland is vlak en de steden zijn relatief klein,
waardoor de meeste voorzieningen niet meer dan twee of drie kilometer
uit elkaar liggen – was er sprake van een teruggang van de fiets als
belangrijkste stedelijk vervoermiddel.

Renaissance van de Nederlandse fiets

Waar komt de huidige golf van belangstelling voor de Nederlandse fiets
vandaan? Toen het aantal verkeersdoden onder fietsers die door auto's
waren aangereden, schrikbarend steeg in de ook nog eens door uitlaatgassen vervuilde en door verkeersopstoppingen verstikte stadscentra van
Nederland – er kwamen jaarlijks ruim 400 kinderen om bij verkeersonge-
vallen – werd de roep om meer bescherming van fietsers steeds luider.
Men ging op zoek naar nieuwe oplossingen voor mobiliteit in de steden.

52, 53

Van de jaren zeventig tot en met de jaren negentig kwamen er dankzij verordeningen van de overheid, protesten van boze moeders en voorstanders van het fietsen steeds meer rijbanen voor fietsers en fietspaden, verkeersregels die fietsers vaker voorrang gaven, belastingen op auto's en beperkingen op het gebruik van de auto in de binnenstad. Daardoor maakte de Nederlandse fiets zijn eerste grote comeback in steden als Amsterdam, Den Haag, Groningen, Rotterdam en Utrecht. Aan de andere kant van de Atlantische oceaan, in de Verenigde Staten, was fietsen altijd meer een sport geweest dan een praktische manier om je in de grote steden en de buitenwijken te verplaatsen. Maar een nieuwe generatie fietskoeriers en trendgevoelige stedelingen in compactere steden als Portland, Chicago, San Francisco en New York raakte verzot op sterk versoberde versies van de veelzijdige, relatief goedkope Nederlandse fiets om verkeersopstoppingen te omzeilen.

56, 57   De Nederlandse fiets is nog steeds populair, zowel als vervoermiddel als voor recreatie. Zoals in bijna heel Nederland wordt in Den Haag gemiddeld 30 procent van alle ritjes in de stad op de fiets gedaan. Er zijn ook steden, zoals Groningen, waar de fiets 60 procent van de tijd wordt gebruikt door zowel mannen als vrouwen, dankzij een overheidsbeleid van tientallen jaren waarin ook aandacht is voor voorlichting aan kinderen en automobilisten over de verkeersregels en de privileges omtrent het veilig gebruik van de fiets in de stad. Zo wordt Nederlandse automobilisten geleerd dat ze bij het uitstappen met hun rechterhand naar de deurhendel moeten reiken, waardoor ze automatisch naar links draaien met hoofd en schouders, zodat ze kunnen zien of er een fietser aankomt. Daarnaast leggen kinderen op de basisschool een fietsverkeersexamen af. In veel steden, waaronder Utrecht, komen gemeenteambtenaren fietslessen geven op de scholen en gaan basisschoolleerlingen naar de 'verkeerstuin', een miniatuurstad compleet met wegen, trottoirs en drukke kruispunten waar de leerlingen hun vaardigheden als voetganger,

54   fietser en bestuurder oefenen op skelters. Leerlingen van elf jaar en ouder die hun verkeersdiploma halen, gaan bijna altijd op de fiets naar school en zijn, in de woorden van een van de leraren, 'klaar om in de toekomst veilige bestuurders te worden die oog hebben voor voetgangers en fietsers'. In de Nederlandse steden pakken zakenmensen, moeders en

86   mensen die naar een feestje gaan de fiets in allerlei kleding, van spijkerbroek tot cocktailjurk, maar opvallend weinig mensen dragen een helm. Dat is namelijk wettelijk niet verplicht en daarbij is het fietsen relatief veilig dankzij gescheiden fietspaden of aparte rijstroken voor fietsers (blijkbaar voelen mensen zich zo veilig dat ze soms met twee of drie

Great Depression slowed the growth of cars on roads meant for bikes long enough to give bike use a boost during the 1930s, the Second World War also elevated the role bikes played in Europe. When oil and steel were scarce, lightweight two-wheelers were a no-brainer and that led to a proliferation of the no-nonsense Dutch bike all over the Continent. Policemen, postal workers, newspaper carriers and even armies used them.

The distinctive, sit-up-and-beg *omafietsen* and *opafietsen*, now also exported to England, were a symbol of personal freedom and their significance rose during the German occupation of the Netherlands after 1940. When that conflict ended, a strange thing happened. Because of the role they played in transporting members of the underground Resistance, updated Dutch bikes served as a reminder of victory. After the war some American soldiers who had had their first taste of such bikes in Europe desired them at home. Others simply coveted their nostalgic carbide or generator-operated electric lights, hand brakes, three-speed British-designed Sturmey Archer gear hubs and even some of the basic technology borrowed from racing bikes.

Another reason the iconic design of quintessential Dutch bikes remained unchanged after the Second World War was that during the 1950s the Netherlands discovered natural gas reserves and the resulting prosperity led to a drastic drop in bike riding in favour of cars. Despite the otherwise ideal conditions for bikes – the country's over-mined peat fields are super flat and the smallness of its towns means that most amenities that are 2 or 3 km apart can be reached quickly on bikes – cycling faded as a principal mode of urban transport.

A Dutch Bike Renaissance

Fast forward to a period of post-1960s flower power and social unrest in the West to find reasons for the tsunami of current interest in the Dutch bike. When the statistics of car-related bike deaths in the Netherlands' urban centres, which were also being choked by air pollution from car exhaust and traffic jams, soared – it was reported that more than 400 children died in street accidents per year – people of all ages began to clamour loudly for increased bike safety. New urban solutions for transportation were sought.

52, 53

From the 1970s to the 1990s, with state mandates for more bike lanes and paths, traffic regulations with increased rights of way for bicyclists, taxes and restrictions for cars in the centre of cities imposed after protests from angry mothers and bike advocates, the Dutch bike first made its big comeback in cities like Amsterdam, the Hague, Groningen, Rotterdam and Utrecht. Across the Atlantic in the USA, bicycling had always been more of a sport than a practical means to get around large cities and sprawling suburbs. However, a new generation of bike messengers and trendy city dwellers in more compact Portland, Chicago, San Francisco and New York came to love very pared-down versions of the versatile, relatively inexpensive Dutch bike to weave through gridlocked traffic.

56, 57   The Dutch bike is as popular as ever for both transport and recreation. In The Hague, as in most of the Netherlands, bikes account for nearly 30 per cent of all trips made within the city on average. In some cities, like Groningen, bikes are reliably used 60 per cent of the time by both men and women, thanks to decades-old government policies that include the education of all children and motorists on the etiquette and privileges of safe urban biking. For example, Dutch drivers are taught to exit cars by reaching for the door handle with the hand farthest from the door forcing a swivelling motion of the head and shoulders to see if a bicyclist is coming from behind. Conversely, children have to pass a bicycle safety exam at school. In many cities like Utrecht, municipal teachers conduct bike classes in schools, and young students go to Traffic Garden, a miniature city replete with roads, sidewalks and busy intersections where students refine their pedestrian, biking and driving skills in non-motorized pedal cars.

54 Students older than eleven who pass the test, bike to school nearly 95 per cent of the time, ready, in the words of one teacher, to also 'become safer drivers who will look out for pedestrians and bicyclists in the future'. In Dutch cities, businessmen, mothers and people going to parties cycle to their destinations dressed in everything from jeans

86 to cocktail dresses, but helmets are conspicuously missing because they are not legally required and cycling is so safe on designated paths and in cycling lanes. People evidently also feel safe enough to have two or three people perched on the same bike. The statistical lack of accidents boosts rider confidence and with such an increased sense of safety, ridership rises each year. Another numbers booster is full

personen op één fiets zitten). In de statistieken komen weinig fietsongelukken voor, wat het gevoel van veiligheid vergroot en waardoor het aantal fietsers nog elk jaar toeneemt. Een andere stimulans om te gaan fietsen is het feit dat veel Nederlandse werkgevers de fiets betalen van werknemers die naar het werk fietsen. Sinds 2009 is er een nieuwe wettelijke regeling die voorziet in een kilometervergoeding van 19 cent voor werknemers die een elektrische fiets of scooter hebben.

84, 85

75   Een van de weinige minpunten van fietsen in Nederland is de fietsendiefstal. Alleen al in Amsterdam worden jaarlijks bijna 70.000 fietsen gestolen. Een slot op het achterwiel behoort tot de standaarduitrusting op de meeste Nederlandse fietsen, maar op straat worden meestal nog drie of vier extra zware kettingsloten op de geliefde fiets aangebracht. En hoewel sommige oplossingen leuk gevonden zijn, verpesten andere het straatbeeld. Nog een belangrijke reden voor de groeiende populariteit van het fietsen en de terugkeer van de Nederlandse fiets is dat die een internationaal groen symbool is geworden om steden te redden van de verstikkingsdood door uitlaatgassen. Er zijn al ontelbaar veel kilometers nieuwe fietspaden en trajecten voor woon-werkverkeer en recreatie aangelegd over de hele wereld. De termen 'fietssnelweg' en 'snelfietspad' worden nu al gebezigd als aanduiding voor fietspaden die zijn aangelegd voor het niet-recreatief fietsen over langere afstanden. In Amsterdam is 440 kilometer aan fietspaden duidelijk herkenbaar door rood asfalt om ze te onderscheiden van trottoirs.

    Sinds de Tweede Wereldoorlog heeft de productie van fietsen zich onverbiddelijk verplaatst van de westerse landen naar het Oosten. De Aziatische landen spelen een cruciale rol bij de huidige renaissance. Zij hebben in de afgelopen decennia de fiets naar traditioneel Nederlands ontwerp geproduceerd en naar Europa geëxporteerd om te voldoen aan de weliswaar teruggelopen, maar toch nog bestaande vraag naar dergelijke ouderwetse silhouetten uit een minder jachtige tijd. Landen als China, Taiwan, India en Brazilië, ooit importeurs van fietsen, fabriceren nu vele miljoenen van deze eenvoudige fietsen voor de massa en, zoals al profetisch was opgemerkt aan het begin van de twintigste eeuw, is de Volksrepubliek China het land met de meeste fietsen ter wereld: ruim 100 miljoen. Een derde van het wereldtotaal van ruim een miljard fietsen wordt tegenwoordig in China gemaakt en van daaruit geëxporteerd.

    Met de terugkeer van de Nederlandse fiets druppelt een deel van de productie terug naar steden in het Westen, waar knutselaars weer oude en nieuwe ontwerpen met de hand uitvoeren. Zelfs internationale ondernemingen die hun Nederlandse fietsen in Aziatische fabrieken laten

produceren, experimenteren met lichte variaties op het thema. Daarbij combineren ze soms Nederlandse fietsen met op snelheid gebouwde Italiaanse frames of met rechte mountainbike-sturen naar Amerikaanse stijl, maar de essentie van het ontwerp blijft onaangetast.

De nieuwe Nederlandse fiets

Bij het horen van de woorden 'New Dutch Design' denken we al snel aan het werk van avant-gardedenkers als de architect Rem Koolhaas of aan dat van de conceptueel/organisch industrieel ontwerpers van Droog Design, het Amsterdamse ontwerperscollectief dat in 1993 werd opgericht door designhistoricus Renny Ramakers en ontwerper Gijs Bakker. Bakker gaf ook les aan de invloedrijke Design Academy Eindhoven, die gevestigd is in een voormalig fabrieksgebouw van Philips en waar Hella Jongerius, Marcel Wanders en talloze andere bekende ontwerpers van Droog ooit zijn begonnen. Het gevoel voor humor van het Droog-collectief en zijn vermogen om gerecycled materiaal, ambachtelijk werk en industriële productietechnieken te combineren, doordrenkt inmiddels het werk van veel jonge ontwerpers. Het hoeft dus geen verbazing te wekken dat in het post-Droog designmilieu diverse Nederlandse meubel-ontwerpers en industrieel ontwerpers zich ook aan het ontwerp van fietsen hebben gezet. Ten slotte moet een fiets net zo comfortabel, uit-gebalanceerd en ergonomisch correct zijn als een schommelstoel, en ook het materiaal kan net zo gevarieerd en milieuvriendelijk zijn als veel Droog-ontwerpen. De Nederlandse fiets kan een even persoonlijk statement zijn als kleding of een meubelstuk.

Andere Nederlanders die geen industrieel ontwerpers zijn in de stijl van Droog, maar wel al vanaf hun kleutertijd op de fiets zitten, hebben zich ontwikkeld tot een nieuw type racefietser en experimenteren met vormen die zijn geïnspireerd door sportfietsen. Ze blazen zelfs de vaak genegeerde, maar inmiddels steeds populairder wordende, supersnelle, aerodynamisch superieure ligfiets nieuw leven in. De nieuwe Nederlandse fiets kan nu zo sober zijn als een hippe koeriersfiets zonder versnellingen, zo degelijk en schokabsorberend als een mountainbike of even draag-baar en eenvoudig te monteren als een IKEA-meubel. Milieuvriendelijke snorfietsen die doorgaans even sexy zijn als een zonnepaneel en even sportief als een rolstoel, krijgen een heel nieuw *cool* cachet met elegan-tere vormen en moderne technologische extra's.

Hoewel fervent fietser Joost van Bleiswijk gelooft dat de Nederland-se fiets bijna volmaakt is zoals hij is, houdt ook hij zich in zijn Eindhovense atelier in een voormalige Philipsfabriek bezig met het ontwerp van een

reimbursement by Dutch employers for the cost of a bicycle if employees cycle to work. Since 2009 a new law will provide a 19-euro cent per kilometre bonus for employees with an electric bicycle or scooter.

One of the only banes of bike riding in the Netherlands is theft. In Amsterdam alone nearly 70,000 bikes are stolen each year. A rear wheel lock is standard item on most Dutch bikes, but in public spaces owners typically use three or four extra sturdy chains to lock up their prized bikes. And while some are amusing, others become an eyesore.

Another important reason for cycling's rising popularity and the Dutch bike's return is that it has become an international green icon to save cities from choking on car exhaust and countless miles of new bike paths and trails for commuting and recreation have been created around the globe. The terms cycle highway or fast cycling route are now normal for bikeways intended for long-distance utilitarian cycling. In Amsterdam 440 km of *fietspaden* or bike paths are clearly demarcated with red asphalt to differentiate them from footpaths. Since the Second World War, the manufacturing of bikes has inexorably moved from the West to the East. Asian countries that for the last few decades have produced and exported bikes based on the traditional Dutch design to Europe to fill the diminished but still on-going demand for such old-fashioned silhouettes from a less frenetic time and age are in the thick of the current renaissance. Countries like China, Taiwan, India and Brazil, which once imported bikes, now make millions and millions of this simple design for the masses and as prophetically observed at the beginning of the twentieth century, the country with the most – well over 100 million bicycles – is the People's Republic of China. A third of the world's total of over a billion bikes are now produced and exported by China.

With the return of the Dutch bike, manufacturing is trickling back to Western cities where tinkerers are creating old and new designs by hand again. Even international bike corporations that produce their Dutch bikes in Asian factories are experimenting with slight variations on the theme, sometimes combining Dutch bikes with Italian frames built for speed or with straight American-style mountain bike handlebars, but essentially leaving the design unchanged.

The New Dutch Bike

Any mention of new Dutch Design conjures up the work of *avant-garde* thinkers such as Pritzker Prize-winning architect Rem Koolhaas, or the work of conceptual/organic industrial designers such as those at Droog, the witty Amsterdam design collective founded in 1993 by design historian Renny Ramakers and Gijs Bakker. Bakker was a professor at the influential Design Academy Eindhoven housed in a former Philips electronics factory building where Hella Jongerius, Marcel Wanders and a slew of other well-known Droog designers made their start. The Droog collective's dry wit and sense of humour and its ability to mesh recycled materials, handcraft and industrial production techniques now also permeates the work of many young designers who are revitalizing or reimagining the Dutch bike. Not surprisingly, in the Netherlands' new post-Droog design milieu, several furniture and industrial designers are also turning their hand to bike design. After all, bikes need to be as comfortable, balanced and ergonomically correct as, say, a rocking chair, and their materials can also be as varied and eco-friendly as many of Droog's designs. Dutch bikes can be as much of a personal statement as fashion and furnishings are.

Some Dutchmen who are not Droog style designers but who have been cycling since they were toddlers have evolved into a new breed of racers, tinkering with bike shapes inspired by sports bikes. They are even reviving the oft ignored but now increasingly popular super-fast, aerodynamically superior *ligfiets* or recumbent bikes. The new Dutch bike can now be as spare as a hip 'fixie' or fixed-gear messenger bike, as sturdy and shock-absorbent as a mountain bike or as portable and easy-to-assemble as prefabricated IKEA furniture. Eco-friendly pedal-assist electrical bikes that are perhaps typically as sexy as a solar panel and as sporty as wheelchairs are getting a whole new cool cachet with more elegant shapes and modern technological extras.

Although avid bicyclist Joost van Bleiswijk believes that the Dutch bike is nearly perfect as it is, he too is turning his hand at his Eindhoven atelier in a former Philips electronics factory building to the design of a do-it-yourself aluminium bike that he can rivet together and assemble with his own tools. 'I think the nice thing is that you can customize such bikes. While aluminium welds are never pretty, a lot of rivets can be aesthetically pleasing.' Dutch designers are indeed

doe-het-zelf aluminium fiets die hij met zijn eigen gereedschap in elkaar kan klinken. 'Het leuke is dat je dergelijke fietsen naar eigen smaak kunt samenstellen. Aluminium laspunten zijn nooit mooi, maar een heleboel klinknagels kunnen esthetisch gezien aangenaam zijn.' Nederlandse ontwerpers maken zich op voor de sprint naar betere tijden waarin er meer fietsen dan auto's zullen zijn. Ze zijn onbevreesd en soms uitbundig aan het experimenteren en bedenken fabricagetechnieken dicht bij huis om de Nederlandse fiets waarlijk groen te maken en hem misschien zelfs te bevrijden van zijn historische, iconische vorm. Met elk ontwerp zetten ze een stapje verder.

Materiaal- en conceptverkenning

De ontwerpers van nu houden zich bezig met het verfijnen van de Neder-landse fiets en pakken daarbij diverse aspecten aan: veiligheid, bruikbaar-heid, diefstalpreventie, eenvoudige productiemethoden, distributie, prijs en zelfs het feit dat de fiets in veel delen van de wereld een statussymbool is geworden. Zelfs in Nederland, waar de fiets altijd is beschouwd als een vervoermiddel, ontwikkelen fietsen zich tot een modeartikel om mee op te vallen. Alles wat bijdraagt dat er meer gefietst wordt in de stad, brengt immers verlichting voor steden die stikken in uitlaatgassen en vastlopen door verkeersopstoppingen. Nederland telt 16 miljoen fietsen, iets meer dan één voor iedere ingezetene, maar er is ruimte voor nog meer fietsen en minder auto's. Bakfietsen of transportfietsen, E-fietsen en snorfietsen – door de hippere fietser ironisch genoeg lacherig afgedaan als fietsen voor oma's – en ook ligfietsen zullen ongetwijfeld nieuwe belangrijke hoofdstukken in de geschiedenis van de Nederlandse fiets schrijven.

Fietsen van titanium en koolstofvezel

60 Amper twee jaar nadat het met titanium beklede Guggenheim Museum Bilbao van architect Frank Gehry in 1997 werd geopend, begon de Nederlandse ontwerper en ondernemer Jan-Willem Sintnicolaas via internet zijn op maat gemaakte Van Nicholas fietsen van titanium te ver-kopen; misschien omdat de prijs van titanium gedaald was. Tot op dat moment werd titanium alleen gebruikt voor op specifieke prestaties gerichte fietsframes. Zelfs die toepassing was in de jaren daarvoor minder geworden, omdat ontwerpers de voorkeur gaven aan lichtgewicht en plooibaar koolstofvezel. Nu het van zichzelf al mooie titanium relatief betaalbaar is geworden, maakt het een comeback. Het is supersterk, licht, roest niet en is gemakkelijk te repareren, en bij Van Nicholas in Numansdorp passen ze het toe bij elk met de hand gemaakt en geborsteld

frame, en geven ze er levenslange garantie op. Sintnicolaas: 'Wij hebben ook het eerste naadloze, hydrogevormde titanium frame gemaakt, gebaseerd op baanbrekend werk van de Technische Universiteit Delft.'

De Yukon FX versnellingsloze titanium stadsfiets met racefiets-uiterlijk van Van Nicholas wordt gemaakt in een aantal standaardmaten of met een op maat gemaakt frame, waarin het bedrijfslogo is geëtst. Van Nicholas Titanium en onderdelen van topmerken complementeren het slanke, lichtgewicht, flexibele, schokabsorberende buisframe met taps liggende achtervork. Ook de staande achtervork loopt taps toe en daarnaast zijn er extra's mogelijk als een 68 mm, CNC-gefreesde trapas met Engelse draad, CNC-gevormde titanium uitvaleinden of patten, opzetstukken voor spatborden en afneembare bagagedragers, gelaste bidonhouders en handgeborstelde afwerking.

De Groningse industrieel ontwerper Tjeerd Veenhoven hoopt met het concept van zijn lichtgewicht koolstofvezelfiets de Nederlandse fiets te kunnen veranderen van een massaproduct in een doe-het-zelf-project op maat, waarbij ook fietsonderdelen kunnen worden hergebruikt die anders op de vuilnisbelt of bij het oud ijzer terechtkomen. Veenhoven hoopt dat zijn Carbon Strand Bike, die hij oorspronkelijk had gemaakt voor de rondreizende designtentoonstelling 'Connecting Concepts' (2011-2013), mensen in ontwikkelingslanden in staat zal stellen om op eenvoudige wijze hun eigen fiets te maken. De fiets van Veenhoven, die al is tentoon-gesteld in Eindhoven, Istanbul en de Verenigde Staten, is gemaakt van in epoxyhars gedrenkte koolstofvezels waarmee gerecyclede fietsonder-delen worden verbonden in een klemvorm, waarin het geheel uithardt tot een fietsframe. Veenhoven: 'Om er zoveel mogelijk uit te halen, ver-werk ik die materialen zo eenvoudig mogelijk. Een matrijs of mal is duur en koolstofvezels hoef je niet te gieten. Daar gaat het om.'

Omdat hij snel kan worden geproduceerd zonder mallen is de Carbon Strand Bike niet duur. Hij is ook stijf – misschien iets te stijf om schokken te dempen en daardoor minder comfortabel – maar voor Veen-hoven, die op zich geen fietsontwerper is, is het belangrijker om met zijn prototype een andere benadering teweeg te brengen in het ontwerp van fietsen en het gebruik van de fiets te stimuleren. 'De Nederlandse fiets is nooit erg veranderd omdat hij nog steeds goed functioneert. Het is het kleinst mogelijke voertuig in dichtbevolkte gebieden. We beschouwen de fiets als vanzelfsprekend en hebben te weinig oog voor hoe efficiënt hij eigenlijk is, maar naarmate het aantal fietsen in steden toeneemt en er meer openbaar vervoer komt, moeten we daar toch over na gaan denken.'

gearing up for a more perfect time when bicycles will outnumber cars. They are experimenting fearlessly, sometimes lavishly, and devising manufacturing techniques close to home to truly make the Dutch bike green and perhaps even to free it from its historic, iconic shape one design at a time.

Material and Conceptual Exploration

Designers today are busy refining the Dutch Bike in order to tackle a variety of issues that range from traffic congestion, safety, usability, theft, ease of production, distribution, price and even the fact that is has become a status symbol in many parts of the world. Even in the Netherlands, where Dutch bikes were always regarded as a means to get around, bikes are becoming fashion statements and there is not much resistance against ideas that seems frivolous on the surface, because in the end, any form of appreciation that brings more bikes out on urban streets is simply another way to relieve cities choking on car fumes and gridlock. With 16 million bicycles in the Netherlands, slightly more than one for every inhabitant, there is room for more bikes and fewer cars. *Bakfietsen* or cargo bikes with boxes, E-bikes and pedal assist bikes – ironically, currently dubbed and derided by the 'cool' set as bikes for grannies – and recumbent bikes too will undoubtedly form the next big chapters in the story of the Dutch bike.

Titanium and Carbon Fibre Bikes

60 Just two years after the 1997 unveiling of the titanium-clad Guggenheim Museum Bilbao in Spain designed by architect Frank Gehry, Dutch designer and entrepreneur Jan Willem Sintnicolaas began to offer his custom Van Nicholas titanium bikes online –perhaps because the price of titanium had come down. Until then, titanium had been reserved for making special performance bike frames. Even that use had waned in recent years because designers preferred the lightness and malleability of carbon fibre. Now relatively affordable, intrinsically beautiful titanium is making a comeback. It is super strong, light in weight, non-corrosive and easy to repair, and Van Nicholas uses it for every handcrafted hand-polished frame it builds in Numansdorp and guarantees for life. Sintnicolaas: 'We also made the first seamless hydroformed titanium frame, drawing on groundbreaking work carried out by Delft University of Technology.'

Van Nicholas's Yukon FX fixed single-gear racing-style titanium bike for urban use is made in a variety of standard sizes or custom frames, with chemically etched head badges. Van Nicholas Titatium and top-brand components complement the slender, lightweight, slightly flexible shock-absorbing tubular frame with tapered chain-stays. Its seat stays also taper at the tips and a CNC-machined 68mm English threaded bottom bracket, CNC sculpted titanium dropouts, fender mounts, seat stay and drop out rack mounts, welded water bottle bosses and a hand-brushed finish are the kind of details that are possible.

61   A lightweight carbon fibre bike by Groningen industrial designer Tjeerd Veenhoven is a simple concept that he hopes could change the Dutch bike from a mass-produced object into a custom do-it-yourself project that could also reuse bike parts that might otherwise go into landfill or the recycling stream.

Veenhoven hopes his Carbon Strand Bike, originally created for a travelling design show called 'Connecting Concepts' (2011-2013), will empower more people in the developing world that need to get around independently to create custom bikes easily. Veenhoven's bike, which was shown in Eindhoven, Istanbul and in the USA, is made of epoxy resin-dipped carbon fibres that are stretched between recycled bike components mounted in a jig and left to harden and form a bike frame. Veenhoven: 'To make the most of their properties, I like to use such materials simply. Moulds are expensive and carbon fibres don't need to be moulded. That's the point here.'

Because it can be quickly produced without moulds the Carbon Strand Bike is inexpensive. It is also rigid – perhaps too rigid to absorb shocks and therefore uncomfortable to ride – but Veenhoven, who is not a bike designer *per se*, is more interested in changing the approach to bike design with this prototype and in expanding bike use. 'The Dutch bike has not changed so much since the beginning because it still functions well. It is the smallest possible vehicle in dense condi-tions. We take it for granted and its efficiency is underappreciated but as we see more bikes and public transport in cities even that needs to be examined.'

52 John Lennon en Yoko Ono in bed in Amsterdam, hier met een Nederlandse fiets, werden een nieuw soort revolutionaire koninklijke familie. Dit beeld spoorde mensen eind jaren zestig aan om weer terug te keren tot de veiligheid en vreedzaamheid van fietsen, 21 maart 1969. /
John Lennon and Yoko Ono seen in bed with their Dutch bike in Amsterdam became a new kind of revolutionary royalty, spurring people to return to the safety and inherent peacefulness of bikes during the late 1960s, 21 March 1969.

53 In de jaren zeventig en begin jaren tachtig steeg het aantal door auto's veroorzaakte dodelijke ongevallen met voetgangers, fietsers en kinderen in Nederlandse steden. Er kwamen protestmarsen waarbij maatregelen werden geëist om fietsers te beschermen en meer macht te geven, 23 april 1980. / During the 1970s and early 1980s, with surging accidental deaths of pedestrians, cyclists and children in Dutch cities by cars, protesters took to the streets demanding change under the banner of bike power, 23 April 1980.

54 **Nederlandse kinderen fietsen naar school / Dutch children riding their bicycles to school**

55 Het succes en de enorme verspreiding van fietsen bracht een nieuw probleem met zich mee: fietsendiefstal. Er kwam behoefte aan veiliger fietsenstallingen, zoals deze in Amsterdam. /
With successful bike use and proliferation came a new problem: bike theft. It required more secure bike garages like this one in Amsterdam.

56, 57 Toen en nu: een twintigste-eeuwse zakenman poseert voor een reclame-
foto op een fiets van Fongers en een eenentwintigste-eeuwse zakenman die
op een vrijwel identieke Nederlandse fiets door Amsterdam rijdt. /
Then and now: a twentieth-century businessman poses for an advertisement
on a Fongers bike and a twenty-first-century businessman rides a nearly
identical Dutch bike in Amsterdam.

58 Koga-Miyata heeft fietsen gebouwd voor renners in de Tour de France en voor de legendarische Olympische wielrenners Leontien Zijlaard-van Moorsel en Marianne Vos. De aerodynamische Tee Tee Track-fiets van koolstofvezel is gemaakt voor de Olympische Spelen in Londen in 2012. / Koga-Miyata has made bikes for riders in the Tour de France, as well as for legendary Olympic riders Leontien Zijlaard-van Moorsel and Marianne Vos. The aerodynamic carbon fibre Tee Tee Track bike was made for the 2012 London Olympics.

59 Samen met vliegtuigbouwer Spyker maakte Koga-Miyata in een beperkte oplage Spyker Aeroblade fietsen van titanium en koolstofvezel, met spaken in de vorm van propellers. / Limited-edition, titanium and carbon fibre Spyker Aeroblade Dutch bikes with propeller-shaped wheels made by Koga-Miyata in conjunction with car and airplane manufacturer Spyker.

Een experimentele Veenhoven Carbon Strand Bike / An experimental
Veenhoven Carbon Strand Bike

62 Montego Barrow Bike, een vernieuwde Nederlandse fiets met een geïntegreerde bagagedrager / Montego Barrow Bike, an updated Dutch bike with an integrated carrier rack

63 De bakfiets van Urban Arrow met elektrische hulpmotor /
Urban Arrow electric-assist cargo bike

64 **Vanmoof fiets / Vanmoof bicycle**
65 **Vanmoof No. 6. / Vanmoof bicycle No. 6**

Op maat gemaakte fiets voor woon-werkverkeer van Elian / Elian custom commuter bicycle

67 **Elian Veltman maakt stadsfietsen met gereedschap en machines die hij heeft overgenomen van een oude Europese fietsfabriek. / Elian Veltman uses tools and machines he acquired from an old European bicycle factory.**

71 Een betaalbare, industrieel gefabriceerde houten fiets van Bough Bikes /
An affordable factory-produced Bough Bikes wooden bicycle

72 Met de hand gemaakte houten fiets van Bough Bikes, met wielen van Frans
eikenhout / Handmade Bough Bikes wooden bicycle with French oak wheels

73 Reinier Korstanje maakt zijn **OKES**-fiets in beperkte oplage. /
Reinier Korstanje's limited edition **OKES** bikes.

De Sandwich, ontworpen door Basten Leijh van Bleijh Concept & Design, in samenwerking met Imre Verhoeven en illustrator Pieter Janssen van Design Amsterdam. Deze betaalbare fiets van versterkt meubelplaat wordt geleverd als een plat pakket en kan eenvoudig door de gebruiker in elkaar worden gezet. / Sandwich bike, designed by Basten Leijh of Bleijh Concept & Design in collaboration with Imre Verhoeven and illustrator Pieter Janssen of Design Amsterdam. The affordable reinforced plywood flatpack concept bike is designed to be assembled easily by the end user.

75 De Downtown, ontworpen door Bleijh Concept & Design, heeft een stuur dat je eraf kunt halen en als slot kunt gebruiken. Als dat stuur/slot losgezaagd wordt, wordt de fiets onbruikbaar. / The Downtown bike, designed by Bleijh Concept & Design, has a removable handlebar that doubles as a lock to counter rampant theft. If the handlebars are cut, the bike becomes unusable.

Vernuftige vouwfiets met kleinere wielen die je in Nederland gratis kunt meenemen in de trein / *Ingenious small-wheeled bike that rides free on Dutch trains*

78 Gazelle Cabby bakfiets van Van der Veer Designers. De lichtgewicht 'bak' voor passagiers is gemaakt van waterdicht zeildoek, gespannen op een inklapbaar aluminium frame. /
Van der Veer Designers' Gazelle Cabby cargo bike for kids. The Gazelle Cabby's lightweight 'box' for passengers is made of waterproof tarpaulin fabric fitted over a collapsible aluminium armature.

79 Van der Veer heeft ook geëxperimenteerd met een opvallende stadsfiets voor oudere kinderen, de **SQRL**, in een nieuwe configuratie van de belangrijkste onderdelen van de praktische Nederlandse sportfiets. /
Van der Veer also experimented with a striking urban bike for older kids called **SQRL** that reconfigures the critical components of the practical Dutch bike for sports.

80 **De draisine-achtige aluminium Footbike, van Amazing Wheels, Beverwijk /**
Draisine-like aluminium Footbike scooter, Amazing Wheels, Beverwijk

81 **De lichtgewicht stadsfiets van Maze Cycles, Amazing Wheels, Beverwijk /
Maze Cycles's lightweight city Dutch bike, Amazing Wheels, Beverwijk**

82 Het concept van Laurens (Luud) Schimmelpennink voor elektrische witte fietsen in Amsterdam / Laurens (Luud) Schimmelpennink's suggestion for white pedal-assist electric bikes in Amsterdam

83 De OV-fiets, een huurfiets ontworpen door **VBAT**, past enkele ideeën van Schimmelpennink toe / Share rental OV-fiets bikes designed by **VBAT** implement some of Schimmelpennink's thinking

84 Qwic, opgericht door Michiel Hartman en Taco Anema, is een Nederlands merk dat zich volledig richt op E-bikes. Naast de standaardelementen van een Nederlandse fiets, hebben deze fietsen gecomputeriseerde kilometertellers en vermogensmeters en een oplaadbare, draagbare accu. /
Qwic, founded by Michiel Hartman and Taco Anema, is one Dutch brand that has embraced e-bikes fully. Along with standard Dutch bike features, it has computerized mileage and power-capacity indicators and a rechargeable, portable battery.

85 De Smoover, een prototype van de ideale uniseks omafiets van Qwic, ontworpen door Caspar van Roosmalen, heeft een accu vlakbij de pedalen, waardoor het zwaartepunt van de fiets lager komt te liggen. /
Smoover, a prototype of the ideal unisex Qwic omafiets by designer Caspar van Roosmalen, incorporates a battery near the pedals to bring the weight lower to the centre of gravity.

86 De Nederlandse fiets is nog steeds het beste werkpaard als het om gaat de kinderen naar school te brengen, zoals deze fietser laat zien op een Dutch ID elektrische fiets van Amazing Wheels. Uiteraard, naar goed Nederlands gebruik, zonder helmen en in gewone kleren. /
Dutch bikes are still the best workhorses and are used to transport children to school as this rider demonstrates on a Dutch ID e-bike from Amazing Wheels, and she does so – in true Dutch fashion – without helmets and in regular street clothes.

Elektrische fietsen en E-fietsen

84, 85 Laurens (Luud) Schimmelpennink is een invloedrijke Nederlandse industrieel ontwerper, maatschappelijke vernieuwer, ondernemer en politicus en staat aan het hoofd van het Amsterdamse Ytech Innovatiecentrum voor duurzame mobiliteit. Hij maakte deel uit van de Provobeweging van de jaren zestig en zijn naam is verbonden met het zogenoemde witte-fietsenplan. Provo bracht honderden fietsen bij elkaar, verfde ze wit en stelde ze gratis ter beschikking voor gezamenlijk gebruik op straat, waarmee zij aan de wieg stond van leenfietsprogramma's in diverse steden ter wereld. In het recente verleden heeft Schimmelpennink zich ingezet voor het gebruik van solide elektrische fietsen in Amsterdam en andere fietsvriendelijke steden. De eenvoudige witte fiets die hem voor ogen staat, beschikt over een 250W elektrische hulpmotor op het achterwiel met een direct aangedreven achteras. De benodigde elektronica zit in het frame zelf. Schimmelpennink denkt dat om meer gebruikers over de streep te trekken in minder vlakke steden dan Amsterdam, de volgende generatie stadsfietsen elektrische hulpmotoren moet hebben. Elektrische
82, 83 fietsen zijn volgens hem ook makkelijker te onderhouden en te besturen.

Als we de logica van Schimmelpennink en Ytech volgen, moeten die toekomstige fietsen zowel elektrisch als opvouwbaar zijn om gratis te mogen meereizen in het openbaar vervoer. De oprichter van Promea Industrial Design in Breda, Albert-Jan van Dijk, heeft met zijn team een bekroonde conceptfiets ontworpen die aan die vereiste wil voldoen: de Spike. Het is een lichtgewicht, tweewielige elektrische uniseksfiets in een automobielstyling die industrieel kan worden geproduceerd, iets wat volgens Van Dijk nooit eerder is gedaan. Het is een compacte fiets, ver-geleken met de lichtere, omvangrijkere aluminium fietsframes die de laatste jaren zijn opgekomen. De fiets zou zo'n lage opstap hebben dat fietsers van alle leeftijden hem kunnen gebruiken. De accu met een lange levensduur, de geïntegreerde verlichting en de computers zouden ook tijdens het productieproces van het frame worden geïnstalleerd.

63 De Amsterdamse firma Urban Arrow, opgericht door ondernemers Gerard van Weel en Jorrit Kreek, heeft de typisch Nederlandse bakfiets/ transportfiets van een update voorzien met een model met elektrische hulpaandrijving. De bekroonde ontwerper ervan, Wytze van Mansum, studeerde af aan de Technische Universiteit Delft op onder meer de innovatieve nieuwe omafiets Dutchess voor jonge vrouwen, die hij ontwierp voor de Amerikaanse fietsfabrikant Cannondale. In de handvatten, het stuur en het frame zijn veel functies slim ingebouwd, zoals een achterspatbord dat deel uitmaakt van het radicaal gebogen frame in plaats van dat

het alleen maar een aanhangsel is. Zijn bakfiets heeft een stevig aluminium frame met een laag zwaartepunt voor meer stabiliteit en met zijn
dikke banden is dit een goed werkpaard. Een geïntegreerde motor, een
ketting en een dynamo voor de verlichting maken hem nog functioneler.
Steeds meer Nederlandse gezinnen met kinderen, die zoeken naar een
groen alternatief voor grote benzineslurpende auto's, kiezen voor
dergelijke elektrische bakfietsen met hoogwaardige onderdelen en voorzien van een robuuste, lichtgewicht, recyclebare, gegoten kunststofbak
waarin ze meerdere kinderen kunnen vervoeren of maximaal 170 kilo
bagage. Van Mansum bedacht gebogen bumpers rond de bovenrand van
de bak ter bescherming en om te voorkomen dat kleine vingertjes bekneld
raken. De open bak van de ongelooflijk praktische fiets kan eraf worden
gehaald om plaats te maken voor een bak met een deksel. Omdat hij zelfs
zonder lading behoorlijk zwaar is, is de fiets voorzien van een krachtige
elektrische fietsmotor op het achterwiel en elektronische bediening op
het stuur van het Duitse Daum, zodat hij ook geschikt is voor minder vlak
terrein. Met een door Renske Solkesz ontworpen regenkap is hij voor
alle weersomstandigheden geschikt, wat in de toekomst waarschijnlijk
voor al deze vervoermiddelen zal opgaan.

Aluminium en stalen fietsen

64 Een nieuwe serie minimalistische stadsfietsen onder de naam Vanmoof,
geleverd door de twee broers Taco en Ties Carlier uit Amsterdam, is
een franjeloos ontwerp van de jonge industrieel ontwerper Sjoerd Smit.
Je ziet de Vanmoof steeds vaker in Nederland, in de fietsenrekken bij
stations en op stadspleinen te midden van een zee van zwarte, onverwoestbare omafietsen waarop nog steeds de meeste Nederlanders rijden.
Om iets goeds nog beter te maken, heeft Smit het traditionele driehoekige
frame van de Nederlandse fiets aangepast en het dikke weerbestendige
buisframe van geanodiseerd aluminium van de Vanmoof uitgerust met
de nieuwste draadloze technologie. Om bijvoorbeeld de met de Red Dot
Award bekroonde Vanmoof No. 5 vandalismebestendig te maken, zijn de
spatborden, de op zonne-energie werkende LED-verlichting, de met een
keycard in te schakelen USB-poorten en de bekabeling geïntegreerd in het
ruime frame. Verder wijken deze lichtgewichtfietsen niet af van wat altijd
goed heeft gewerkt bij de Nederlandse fiets. Ze zijn ontworpen om rechtop op te zitten, hebben een terugtraprem, een breed stuur en goede leren
zadels van Brooks als luxe extraatje bij de stijlvolle, sobere uitstraling.
Het onontbeerlijke, ingebouwde kettingslot van Abus – dat ook al in het
ruime frame zit – kan eruit worden getrokken, om een paal worden

Pedelecs and E-bikes

84, 85 Laurens (Luud) Schimmelpennink is an influential Dutch industrial designer, social visionary, entrepreneur and politician and the head of the Ytech Innovation Centre on sustainable mobility in Amsterdam. He was connected to the 1960s Dutch Provo counterculture and the so-called White Bicycle plan. The Dutch Provo corralled many hundreds of bicycles, painted them white and supplied them free on the streets for shared use, thereby starting the concept of shared bicycle programmes in international cities. Recently, Schimmelpennink has advocated for sturdy pedal-assist electric bikes for Amsterdam and other bike-friendly cities. The simple white bike he recommends would have a back-wheel 250-W electric assist motor and a chainless shaft drive. Other electronics would be hidden in the frame itself. Schimmelpennink predicts that to appeal to more riders in cities not as flat as Amsterdam, the next generation of urban bikes will be pedal-assist. Electrical bikes

82, 83 will be easier to maintain and control as well, he suggests.

In keeping with Schimmelpennink's Ybike's rationale, if more riders prefer to bring their own bikes along on trains and buses in the future, they will have to be both electrical as well as foldable to travel free. Promea Industrial Design founder Albert-Jan van Dijk and his team in Breda have devised an award-winning concept bike called Spike that intends to meet that need. It is a lightweight, unisex two-wheel pedelec with automotive styling, engineered to be industrially mass-produced – something that's never been done according to Van Dijk – and compact when compared to the lighter, bulkier aluminium bike frames that have emerged in recent years. The bike would be low so riders of all ages could use it easily. Its long-life battery, integrated lights and computers would also be installed during the frame manufacturing process.

63 Urban Arrow, a firm launched by entrepreneurs Gerald van Weel and Jorrit Kreek in Amsterdam, updated the typical Dutch *bakfiets* or cargo bike with an electric-assist cargo bike. Award-winning designer Wytze van Mansum's graduation project at Delft University of Technology included an innovative new *omafiets* for young women called Dutchess, designed for American bike maker Cannondale. It cleverly incorporates many functions within the handlebars or the frame such as a rear fender which is a structural part of the radically arched frame rather than a mere appendage. His cargo bike has a sturdy aluminium

frame with a low centre of gravity that renders it more stable and its balloon tires make it a good workhorse bike. An integrated motor and chain and a dynamo hub for lights add greater functionality. More and more Dutch families with children that want to have a greener alternative to large gas-guzzling cars opt for such pedelecs, which use high-end components and a tough, lightweight, recyclable moulded foam box to contain several children or up to 375 lbs of cargo. Van Mansum incorporated curved bumpers around the top of the box for protection and to prevent little hands from getting squashed. The extremely practical bike's carrier box can be removed to make room for a lidded cargo box. Heavy even without a load, it needs a powerful German-made electric pedal assist motor on the back wheel with speed-monitoring Daum controls on the handlebars to traverse more than flat terrain. A rain cover designed by Renske Solkesz can make it an all-weather vehicle, which is what most such vehicles will probably be like in the future.

Aluminium and Steel Bikes

64 A new range of minimalist city bikes called Vanmoof by two young brothers, Taco and Ties Carlier of Amsterdam, has a no-frills design by young industrial designer Sjoerd Smit. The Vanmoof is seen more and more often, sharing parking space outside Dutch train stations and in city squares amid seas of the typical black, ever-lasting *omafiets* 'grandma bikes' preferred by most Dutch riders. To make a good thing even better, Smit adapted the classic triangular Dutch bike frame geometry, and equipped Vanmoof's thick-walled tubular anodized aluminium, all-weather frame with up-to-the-minute wireless technology. For instance, to make the Red-Dot award-winning Vanmoof No. 5 vandal-proof, its fenders and solar-powered LED lights, its USB ports that can be activated with a keycard, and its cabling have all been integrated in the roomy frame. Otherwise, the lightweight bikes don't veer from what has always worked for the Dutch bike. They are designed for upright riding, have coaster brakes, broad handlebars and quality Brooks leather seats as luxurious complements to the bikes' stylish, spare look. The necessary built-in chain lock system by Abus – also contained within the capacious frame – can be pulled out, wrapped

65 around a post and snap-locked back onto the frame. Vanmoof No. 6, with its angled top tube, a front rack, colourful fenders and matching

65 gehaald en weer aan het frame worden geklikt. De Vanmoof No. 6 met zijn
schuine stang, een rekje voorop, kleurrijke spatborden en bijpassende
kettingbescherming is de omafiets van het merk. Het rekje past heel
handig in het uiteinde van de stang waar normaal gesproken de lamp zit,
die dan weer aan het rekje wordt bevestigd. Ook een uitbreiding met drie
versnellingen en een voorrem is geen probleem. Die aanvullingen en de
complete eenvoud maken de fiets nog gemakkelijker in het gebruik.

66 In Utrecht, waar het Schröderhuis van De Stijl-architect Gerrit
Rietveld het symbool is van het begin van de sobere verhoudingen in het
ontwerp, is fietsmonteur Elian Jamal Veltman het bedrijf Elian Cycles
67 begonnen om eenvoudige stadsfietsen op maat te bouwen. Veltman maakt
stadsfietsen met gereedschap en machines die hij heeft overgenomen
van een oude Europese fietsfabriek. De sterke maar flexibele, hardge-
soldeerde, drievoudige driehoekframes van Cromo-staal, met eenzelfde
zitbuis voor een versnellingloze fiets, hebben een geïntegreerde staande
achtervork. Door de extra driehoek in de constructie wordt het frame niet
68, 69 alleen sterker, maar ook interessanter om te zien. De basisfiets is sober,
maar functioneel door de Sturmey-Archer duomatic tweeversnellingsnaaf
met terugtraprem. Andere ideale onderdelen zijn Campognolo-cranks
en kettingwiel of een Sugino crankset, een KMC-ketting en Panaracer
banden.

70 In Arnhem heeft ontwerper Herman van Hulsteijn zich niet alleen
door de huidige omafiets laten inspireren, maar ook door diverse versies
van de fiets met een lage stang en door de allereerste hoge fietsen. Hij
kwam uit op een aangenaam extravagante, gebogen vorm voor het stalen
frame van de uniseks Cyclone, de fiets die hij op een servetje ontwierp.
'Deze fiets is ontstaan uit de behoefte om een mooie fiets te maken.
Wie heeft ooit gezegd dat welvingen alleen voor vrouwen zijn?' De drie
zwiepende, gebogen framebuizen – een vanaf het zadel naar het stuur
die ook terugbuigt naar het achterwiel en nog een van het stuur naar de
trappers – onderscheiden deze fiets van alle andere fietsen. Als je erop
zit, lijkt het of je heel hoog zit zonder ondersteuning van een zwaar frame.
Van Hulsteijn mikte met dit ontwerp op een fiets met de kwaliteit van een
racefiets en de functionaliteit van een stadsfiets. 'De Nederlanders zijn
duidelijk aan het veranderen. Ze staan nu meer open voor verschillende
vormen, maar het blijft een lastig publiek. Nederlanders zijn erg praktisch
en ze willen een fiets waarmee ze alles kunnen doen: ze willen kinderen,
spullen en meerdere personen kunnen meenemen, allemaal tegelijkertijd.
Maar ze houden ook weer van verrassende vormen. Dat is best lastig.'
In Maastricht blaast industrieel ontwerper Lucas Brinkhaus oude

Nederlandse fietsen nieuw leven in. Hij is afkomstig uit Venlo, pas afge-
studeerd aan de Design Academy Eindhoven en restaureert originele
Nederlandse fietsen of bouwt nieuwe, unieke fietsen van slooponderdelen
van klassieke Nederlandse fietsen. Sinds 2010 heeft hij allerlei soorten
'nieuwe' Brinkhaus-fietsen gebouwd uit gerepareerde onderdelen en
frames van vintage fietsen van merken als Fongers, Batavus, Gazelle en
Juncker, die weer iets bijdragen aan het DNA van Nederlandse fietsen
over de hele wereld.

    Zonder het ontwerp van de Nederlandse fiets wezenlijk te verande-
ren, is de Tactory Bikes fabriek in Deventer ook zo'n voorbeeld van
Nederlandse innovatie die nog eens onderstreept hoe de fiets deel is gaan
uitmaken van het maatschappelijk stelsel in Nederland. Tactory Bikes
biedt passend werk voor mensen met verslavingsproblematiek en een
psychiatrisch verleden. Gewone, stalen Nederlandse fietsen worden hier
in elkaar gezet, gelakt en afgewerkt door bijvoorbeeld voortijdige school-
verlaters en mensen die proberen terug te keren in het arbeidsproces.

Bakfietsen en transportfietsen

78 In Amsterdam nam eerst De Fietsfabriek en later WorkCycles het voor-
touw op het gebied van innovatieve bak- en transportfietsen voor het
vervoer van grote spullen, maar ook om kinderen naar school te brengen.
De inspiratie kwam uit Christiania in Kopenhagen, waar ze begin jaren
tachtig driewielige transportfietsen voor het gezin gingen maken en van
Maarten van Andels praktische tweewielige bakfiets voor gezinnen,
compleet met zitjes, gordels, huif, lage opstap en een stevige standaard.

    De Fietsfabriek, de eerste fabrikant van moderne Nederlandse
bakfietsen, maakt twee- en driewielige bakfietsen, maar ook hybride
stadstransportfietsen met grote manden, zoals de Filibus.

68, 69   Elian Veltman van Elian Cycles is zich ook gaan richten op bakfietsen
en transportfietsen zonder versnellingen voor het vervoer van goederen
in het centrum van Utrecht waar geen auto's mogen komen. 'Bakfietsen
zijn echt iets Nederlands,' zegt hij. Om zich heen kijkend naar veelge-
bruikte constructievormen had hij het basisontwerp van zijn elegante
bakfiets al snel klaar, maar: 'Ik had nog geen oplossing voor het besturen
van deze 2 meter lange fiets zodat hij ook makkelijk een U-bocht kon
maken.' Om dat op te lossen, greep Veltman terug op motorfietsen van
tachtig jaar geleden die stuurnaven gebruikten. In plaats van een voorvork
maakt zijn gepatenteerde ontwerp gebruik van een stuurnaaf die zorgt
voor besturing en het rijden. Om de overbrenging tussen het stuur en de
naaf soepel te laten verlopen, hielp een botenbouwer Veltman met de

chain guard is the brand's *omafiets*. The rack conveniently plugs into the bike's top tube in lieu of the light, which gets reattached to the rack. Three speeds and a front brake system are equally easy to add. These refinements and the overall simplicity of the bike make it even easier to use.

66   In Utrecht, where De Stijl architect Gerrit Rietveld's historic Schröder House symbolizes the beginning of spare geometry in design, bike mechanic Elian Jamal Veltman started Elian Cycles to build simple

67 custom commuter bikes. Veltman creates commuter bikes using tools and machines he acquired from an old European bicycle factory. Strong yet flexible fillet brazed Cromo steel triple-triangle frames with matching seat stems for their single-speed machines have integrated

68, 69 seat stays. The extra triangle in the construction add strength to the frame as well as visual interest. The bike is quite basic, but functional with Sturmey-Archer duomatic gears with a two-speed hub and a coaster brake. Campagnolo cranks and chain-ring, a Sugino crank set, a KMC chain, and Panaracer tires are ideal extra components.

70   In Arnhem, designer Herman van Hulsteijn went not only to the *omafiets* as we know it now, but to several iterations of the step-through bike as well as the earliest high-bicycles for inspiration to find a pleasing extravagant curved form for the unisex steel frame Cyclone bike he first sketched on a napkin. 'This bicycle grew out of the need to create a good looking cycle. Who said that curves are just for women?' The bike's three swooping curved tubes – one from the saddle to the handlebars that doubles back to the rear wheel and another from the handles to the cranks – distinguish it from any other bike. On it, the rider seems to perch up high, quite unsupported by a heavy frame. Van Hulsteijn hoped to create a bike that had the quality of a racing bike with the functionality of an urban bike. 'The Dutch are definitely changing. They are now more open to different shapes but they are a difficult crowd. They are very practical and they want everything on a bike: they want kids, cargo, and also several riders at the same time. But, they appreciate surprising forms. It is complicated.'

In Maastricht, industrial designer Lucas Brinkhaus is reviving old Dutch bikes. A recent graduate of the Design Academy Eindhoven, the Venlo resident either restores original Dutch bikes or constructs new one-of-a-kind bikes using salvaged parts from classic vintage Dutch bikes. Since 2010, he has added all kinds of 'new' Brinkhaus branded

bikes – with restored parts and frames from vintage machines including Fongers, Batavus, Gazelle and Juncker – to the DNA of Dutch bikes around the world.

The Tactory Bikes factory in Deventer, without essentially altering the Dutch bike's design, provides another example of Dutch innovation that underscores how the bike has become a part of the social fabric in the Netherlands. Tactory is a vocational rehabilitation factory where conventional steel Dutch bikes are assembled, painted and finished by school dropouts and people who are getting a second chance at working productively.

Cargo Bikes

78 In Amsterdam De Fietsfabriek and then WorkCycles led the way with innovative *bakfietsen* or cargo bikes that are used to haul large things and also bring children to school. They were inspired by Christiania in Copenhagen, which began making family-oriented three-wheeled *bakfietsen* during the early 1980s, and Maarten Van Andel's practical two-wheeled cargo bike for families replete with seats, harnesses, canopy, a low step-through frame, and a stable parking stand.

De Fietsfabriek, the first of the modern Dutch cargo bike makers, manufactures two and three-wheel *bakfietsen*, as well as bikes that are hybrid city-type bikes with large cargo baskets, such as the Filibus.

68, 69 Elian Veltman of Elian Cycles has also turned his attention to fixed-gear *bakfietsen* or cargo bikes for hauling things in Utrecht's city centre where cars are not allowed. 'It is a Dutch thing to do,' he says. Working from mechanical sketches he quickly designed his skeletal, elegant cargo bike but: 'I still needed a solution for steering the 2-m long bike so it could make U turns easily.' For inspiration, Veltman went back to motorcycles from 80 years ago that used steering hubs. Instead of a front fork, his patented design uses a front hub for steering and pedalling. A boat builder helped Veltman fashion the cable that connects the handlebars to the hub. 'The cable is not straight. It is bent, so it fits in the frame tube,' Veltman explains. 'You can't bend the steering tube that traditional cargo bikes often use in the same way.' To fully test the lightweight *bakfiets* with its 20-in front wheel and 28-in back wheel, Veltman rode it 130 kilometers from Utrecht to Antwerp and back again the next day with no problems except that he 'could not sit after that weekend. It is clearly designed for short-distance urban use.'

kabel die het stuur met de naaf verbindt. 'De kabel loopt niet recht, maar is gebogen zodat hij door de framebuis kan,' legt Veltman uit. 'Een stuurstang, die vaak bij bakfietsen wordt toegepast, kun je niet zo buigen.' Om zijn lichtgewicht bakfiets met 20 inch voorwiel en 28 inch achterwiel eens goed te testen, is Veltman er zonder problemen 130 kilometer mee van Utrecht naar Antwerpen gereden en de volgende dag weer terug, afgezien van het feit dat hij na dat weekend: 'niet meer kon zitten; hij is duidelijk bedoeld voor kortere ritten'.

Houten fietsen

71, 72 Op jaarlijkse vakbeurzen en ook op grote beurzen als Green Today in de RAI in Amsterdam, waar duurzame producten vaak voor het eerst te zien zijn, heeft de jonge meubelontwerper Jan Gunneweg onlangs Bough Bikes gepresenteerd, fietsen die bijna helemaal van hout zijn. Zelfs de wielen, die allemaal zijn slogan *be moved by nature* dragen, zijn van duurzaam Frans eikenhout. 'Ik werk al met hout sinds ik kan lopen. Het is levend materiaal dat net als mensen ouder wordt en dat spreekt me wel aan,' zegt Gunneweg. Zijn vader, een klusjesman, leraar en voormalige biologische boer, heeft Gunneweg de natuur leren waarderen en hem de kunst bijgebracht iets te maken met natuurlijke materialen. 'Ook voor een fiets is duurzaam hout ideaal. Je hebt maar weinig staal nodig, zoals voor de ophanging van de houten wielen, maar verder nauwelijks,' volgens Gunneweg. Houten spaken die zijn geïntegreerd in de ene kant van de velg worden gecombineerd met stalen spaken aan de andere kant. Een andere vondst is een houten verbindingsstuk dat extra versterkt is met koolstof-vezel. Sommige houten onderdelen krijgen steun van stukjes aluminium ertussen, vooral in de kwetsbare bevestiging van het stuur. 'Maar de rest – cranks, pedalen en stuur – is gewoon van hout.' 'Hout is warm aan je handen als het waait. Het absorbeert trillingen, zoals de houten steel van een hamer de klap van de stalen kop absorbeert. En het gaat lang mee,' zegt Gunneweg, als hij de voordelen opsomt die hout nog meer heeft, naast milieubehoud en besparing op metaal. 'In Nederland ging het bij het fietsen altijd alleen maar over vervoer: hoe kom ik van A naar B,' volgens Gunneweg. Nu wordt ook gepraat over duurzaamheid en recyclen, wat in de afgelopen tien jaar belangrijke onderwerpen zijn geworden voor ontwerpers.

Na ruim veertig houten fietsen te hebben gebouwd, heeft Gunneweg wel een paar eenvoudige trucs geleerd. Zo zorgt een dunne laag beschermende olie ervoor dat zijn fietsen blijven ademen naarmate ze ouder worden, zelfs als ze onder alle weersomstandigheden worden

gebruikt. Het met de hand bouwen en afwerken van een houten fiets kost enorm veel tijd. Daarom worden er nu ook nieuwe, minder dure Bough Bikes gemaakt in een meubelfabriek in de buurt waar Gunneweg woont. 'Er zijn veel meubelfabrieken die deze fietsen wel zouden willen maken, want tijdens een recessie zijn ze geïnteresseerd in nieuwe producten,' legt Gunneweg uit. 'Tien jaar geleden had ik er nog niet mee hoeven aan te komen.'

In zijn atelier in Den Haag houdt de jonge ontwerper Reinier Korstanje zich vaak onledig met de verdere verfijning van zijn unieke objecten, zoals OKES, de opvallende fiets van massief Frans eiken die hij in 2008 ontwierp als student aan de Design Academy Eindhoven. De naam OKES, Zuid-Afrikaanse straattaal voor 'gozers', moet zijn fiets een hip, modieus imago geven. 'Door een ander materiaal te gebruiken dan de metalen buizen van de meeste fietsframes, kon ik experimenteren met een verscheidenheid aan nieuwe vormen die in niets lijken op de conventionele vorm van een Nederlandse fiets. In termen van functionaliteit kan het midden van een fiets alles zijn wat je maar wilt; dat kun je net zo vormgeven als een auto,' aldus Korstanje. Hoewel hij er op dit moment pas drie heeft gemaakt, is Korstanjes strategie dat als mensen zich aangetrokken voelen tot zulke modieuze nieuwe fietsen, net als dat bij auto's gebeurt, er meer van in het straatbeeld verschijnen. Korstanje: 'Mensen denken dat mijn fiets grappig is. Sommige mensen zeggen dat hij iets weg heeft van golven, omdat ze weten waar ik mee bezig ben, maar dat was niet mijn bedoeling. Ik wilde gewoon dat hij er anders uitzag. Deze fiets moest een persoonlijke modesmaak uitdrukken, net als andere sportartikelen.' Want mode kan invloed hebben op veranderingen.

Ligfietsen

De aerodynamische ligfiets is met zijn lage kuipstoel tussen twee wielen, met pedalen en cranks aan een apart tandrad aan de voorkant geschikter voor mensen die lange afstanden moeten afleggen, omdat hij snel is, comfortabel en 'je als ze overdekt zijn zelfs droog blijft,' legt de Eindhovense industrieel ontwerper Joost van Bleiswijk uit. Flevobike in Dronten en met de hand gemaakte Challenge ligfietsen uit de buurt van Apeldoorn zijn daarvan voorbeelden. Deze ligfietsen zijn niet langer veroordeeld tot de ontwerpvuilnisbelt van de fietswereld, maar nu beter geproportioneerd en ook gebouwd met het oog op uiterlijk. De lange-afstands High Racer van Challenge – een ligfiets met een hoge zit – onderscheidt zich met onderdelen op maat en kleuren naar keuze. Dat geldt ook voor het compacte, lage model voor dagelijks gebruik. De frames van gestuiklaste

Wooden Bikes

71, 72 At annual craft shows and also at large fairs like Green Today in the RAI Conference Centre in Amsterdam where sustainable objects are often debuted, young furniture designer Jan Gunneweg recently presented Bough Bikes made almost entirely of wood. Even the wheels of his bikes that are all stamped with his slogan, 'be moved by nature', are made of durable French oak. 'I worked with wood since I could first walk and I like that it is a living material that ages like people,' Gunneweg says. His father is a handyman, a teacher and a former biological farmer from whom Gunneweg learned to appreciate nature and the art of making things with natural materials.

'Even for a bike, sustainable wood is ideal. You only need to use some steel such as lugs for the wooden wheels, but not much more,' according to Gunneweg. Wooden spokes integrated into the wheel rim on one side are combined with steel spokes on the other. One of his other secrets is a wood joint that is also reinforced with carbon fibre. Some wood sections are helped with bits of aluminium sandwiched between them, especially in the headset bracket that could crack. 'But the rest – cranks, pedals and handlebars – are just wood.' 'Wood is warm on your hands in the wind. It absorbs vibrations like a the wooden handle of a hammer absorbs the shock of the steel head. It has a long life,' says Gunneweg, counting the virtues of wood that go beyond eco-conservation and saving metal. 'In the Netherlands biking was always just for moving around or going from A to B,' Gunneweg says. Now, it is also related to sustainability and recyclability, which have become important topics for designers during the last decade.

After making more than 40 bikes like these, Gunneweg has learned some simple tricks. For instance, a light coat of protective oil allows his bikes to breathe and age well even if they are exposed to the weather. Hand-building and hand-finishing a wooden bike is extremely time-consuming so new, less expensive Bough Bikes are now produced in a furniture factory near Gunneweg's home. 'A lot of furniture factories would like to make them because during a depression they are interested in new products,' Gunneweg explains. 'Ten years ago it would have been too soon to ask them to make bikes.'

73 At his studio in The Hague, young designer Reinier Korstanje typically finds time to refine custom objects he has created such as OKES, the eye-catching bike of solid French oak that he designed when

he was at the Design Academy Eindhoven in 2008. The name OKES, a slang term used in South Africa meaning 'dudes', is meant to reflect the hip, fashionable profile of his bike. 'By using a different material than the metal tubes used in most bike frames, I was able to explore a variety of new forms that are nothing like the conventional Dutch bike shape,' Korstanje says. 'Because, in terms of functionality, the centre of any bike can be anything you want. You can shape it like a car.' Although at the moment he has only made three of them, Korstanje's strategy is that if people gravitate towards his fashionable new bike forms in the same way as they do to cars, there will be more of those on the road. 'People think that my bike is funny,' Korstanje says. 'Some say it looks like waves because they know what I do, but it is not what I intended. I just wanted it to look different. I wanted it to be used as a personal fashion statement just like other sports gear.' Because fashion can influence change.

Recumbent Bikes

The aerodynamic *ligfiets* or recumbent bike that has a low bucket seat suspended between two wheels with pedals and cranks attached to a separate gear wheel up front is better for people who commute over long distances because they are fast, comfortable and, 'if they are covered you can even stay dry', Eindhoven industrial designer Joost van Bleiswijk explains. Flevobike in Dronten and Challenge recumbent bikes handmade near Apeldoorn, are two examples of what van Bleiswijk means. No longer relegated to the bike world's design dust heap, most of these recumbents are better proportioned and engineered to look good. Custom components and colours distinguish Challenge's long-distance 'high racer' – a recumbent with a high seating position – as well as compact low-riding recumbent designed for everyday riding. Their butted aluminium alloy, carbon fibre and titanium frames are all lightweight. The Mistral SL has an easy-to-adapt level crank position and more upright seating than other models. Its carbon rear swing arm and rear suspension are also unique while its small 20-in wheels add speed.

77   The M5 Ligfietsen company that Bram Moens, a champion *ligfiets* racer, founded in 1983 may well be the first Dutch recumbent bike maker. Although its recumbent steel or carbon fibre frames are made in Taiwan using tools and moulds of Moens' own design, they are

aluminiumlegering, koolstofvezel of titanium zijn allemaal lichtgewicht. Bij de Mistral SL is de hoogte van de cranks makkelijk aan te passen en 'lig' je iets meer rechtop dan bij andere modellen. Ook de koolstof achter-vork en achterophanging zijn uniek, terwijl de 20 inch wielen voor meer snelheid zorgen.

77   De firma M5 Ligfietsen, in 1983 opgericht door Bram Moens, een kampioen in het racen met ligfietsen, is misschien wel de eerste Neder-landse ligfietsenfabrikant. Hoewel de frames van staal of koolstofvezel in Taiwan worden gefabriceerd met machines en mallen die Moens heeft ontworpen, worden de ligfietsen zelf onder zijn toezicht uiterst nauw-keurig geassembleerd in Middelburg, waar hij ook zijn verkooppunt heeft. Zijn fietsen hebben een in de lengterichting uitschuifbare stuurpen, een verstelbare zithoek, op maat gemaakte stuurpenhoeken die de berijder zelf kan afstellen en ook afstelbare vering. 'Het belangrijkste bij ligfietsen, naast de snelheid, is het comfort,' aldus Moens. 'Een inefficiënte fiets is ook een oncomfortabele fiets. De energie die je in een ligfiets gebruikt, is maar een fractie van wat er nodig is om een fietser rechtop te houden op een gewone fiets. Op een Carbon High Racer brengt een kracht van 250W je twee keer zo ver als op een gewone fiets op kruissnelheid. Dat is een hoop comfort.'

Mensen beginnen nog maar net te wennen aan het idee om lager te fietsen dan de gemiddelde fietser en de volharding van Moens in een fietsmodel waarvan traditionele fietsorganisaties zoals de ICU al sinds 1933 niets willen weten, kon toch nog wel eens worden beloond. Moens vergelijkt de snellere prestaties van de ligfiets met die van de klapschaats die aanvankelijk ook werd afgewezen door het schaatsestablishment. Hij is ervan overtuigd dat de indrukwekkende statistieken van de snel-heden die ligfietsen kunnen bereiken ook niet langer kunnen worden genegeerd. Moens wijst daarbij op een interessant gegeven ter onder-steuning van zijn bewering dat het gebrek aan erkenning en experiment de ontwikkeling van de ligfiets heeft tegengehouden. 'Begin jaren 1900 testten de gebroeders Wright vleugelprofielen door ze aan het stuur van een ligfiets te monteren. En iedereen weet hoe vliegtuigen zich sinds die tijd hebben ontwikkeld. Ligfietsen kunnen ook nog heel ver komen. Ze kunnen niet de mountainbike vervangen, maar wel de sportfiets en zelfs de stadsfiets. Ligfietsen zijn comfortabel, sneller en ergonomisch superieur.'

Conclusie

De Nederlandse fiets heeft geleid tot de aanleg van betere wegen en heeft de levensomstandigheden van vrouwen verbeterd door ze meer bewegingsvrijheid te bieden en ze te bevrijden van de knellende victoriaanse kleding, die het veilig en efficiënt fietsen in de weg stond. De eerste ontwikkelingen van de fiets in het begin van de negentiende eeuw kwamen ook de auto ten goede, omdat de wegen die werden aangelegd voor het zelfstandig en snel afleggen van grote afstanden, het land ook voor auto's hebben ontsloten. De werkplaatsen van fietsenmakers waren de eerste servicestations voor auto's in de Verenigde Staten. Ook luchtbanden, spaakwielen, stalen buizen, versnellingen met differentieel, kogellagers, ketting- en as-aandrijving en zelfs de grootschalige methoden voor lopende-bandproductie zijn allemaal ontwikkeld om fietsen te bouwen en later aangepast voor de fabricage van auto's. Het hoeft geen verbazing te wekken dat zowel Henry Ford als Orville en Wilbur Wright zijn begonnen als fietsenmaker. Op zijn manier is de Nederlandse fiets een motor geweest achter grote veranderingen in het vervoer over lange afstand.

79, 80, 81 Door baanbrekende experimenten is de vorm van de eerste Nederlandse fiets van meer dan een eeuw geleden ontstaan. Nu is er een heropleving van duizenden nieuwe werkplaatsen in Nederland en elders in de westerse wereld, waar weer fietsen met de hand worden gemaakt en digitale technologie wordt toegepast, of waar stapsgewijs aan de stijl en vorm van de Nederlandse fiets wordt gesleuteld zoals de smid dat rond de eeuwwisseling deed. Het verschil met toen is dat de wereldwijde effectieve fabricage en het 'nieuwe denken' op de schaal die Albert-Jan van Dijk hoopt te bereiken met zijn Spike-fietsen, grotendeels in handen is van grote bedrijven die systematisch veel van de beste Nederlandse fietsmerken hebben opgeslokt – en gered. Deze bedrijven, zoals de Accell Group die de merken Batavus, Koga, Juncker en Sparta voert, zijn in feite grote paraplu's die bescherming bieden aan een genenpoel aan ideeën en collectief geheugen, die gekoppeld kunnen worden aan de nieuwe mogelijkheden die tot hun beschikking staan, om zo de Nederlandse fiets radicaal vooruit te helpen. Zij kunnen de vertrouwde Nederlandse fiets stroomlijnen en voorop lopen met de utopische volgende generatie van schoon, tweewielig stadsvervoer voor de steeds meer door verkeer verstopte steden die worden vervuild door uitlaatgassen en die klaar zijn voor het gezamenlijk gebruik van fietsen en fietsvriendelijke wegen. Maar gaan ze dat ook doen?

meticulously assembled under his supervision in Middelburg where he sells his bikes. His bikes have telescopic handles, adjustable seat inclination, custom stem angles that can be fine-tuned by the user and suspension that can also be adjusted. 'The main thing about recumbents besides speed is the comfort,' according to Moens. 'An inefficient bike is also an uncomfortable bike. The energy consumed in a recumbent bike is a fraction of what it takes to hold a rider upright on a seated bike. In a Carbon High-Racer the same power of about 250 watts takes you double the distance you'd go on a seated bike at cruising speed. That's great comfort.'

People are only just getting comfortable with the idea of riding lower than the average bike rider and Moens' perseverance with a bike form that regular bike organizations like the ICU have shunned since 1933 may pay off after all. Moens compares the recumbent bike's faster performance to that of the hinged-skates that the ice-skating establishment also rejected at first. He believes that the impressive statistics of speeds recumbents can achieve cannot be ignored any longer either. Moens points to an interesting fact to support his argument that the lack of recognition and experimentation has hindered the progress of the recumbent bike. 'In the 1900s the Wright brothers were testing wing profiles on the handlebars of recumbent bikes. Everyone knows how planes have developed since that time. Recumbents could go a lot further too. Recumbents cannot replace mountain bikes but they can replace road bikes and even city bikes. They are comfortable, faster and ergonomically superior.'

Conclusion

The Dutch bike prompted the building of better roads and improved the condition of women with freedom of mobility and freedom from the constricting Victorian-era garments that hindered safe and efficient riding. Its early nineteenth-century development aided the car as well because roads laid down for independent, long-distance travel over highways opened up the countryside for cars as well. Bicycle repair shops were the first service stations for cars in the USA and pneumatic tires, wire spokes, steel tubing, differential gears, ball bearings, chain and shaft drives and even large-scale production-line assembly techniques – all used to build bikes – were adapted for cars. Not surprisingly, Henry Ford and Orville and Wilbur Wright were bike mechanics. The Dutch bike has in its way been an engine for great transformations in long-distance transportation.

79, 80, 81   The transformative experiments of individuals shaped the earliest Dutch bikes from more than a century ago. What is different now is that while there is a renaissance of thousands of new workshops in the Netherlands and elsewhere in the West that are again making bikes by hand and incorporating digital technology or affecting the style and shape of the Dutch bike incrementally as turn-of-the-century black-smiths once did, the globally effective manufacturing and new-thinking at the scale Albert-Jan van Dijk's Spike bike hopes to accomplish is largely in the hands of corporations that have systematically absorbed – and saved – many of the best Dutch bike brands. These corporations, such as Accell Group that has Batavus, Koga, Juncker and Sparta under its wing, are effectively large umbrellas that shield a gene pool of ideas and collective memory that can be paired with the new engineering and experimental resources at their disposal to radically take the Dutch bike forward. They can streamline the Dutch bike as we know it and also lead the utopian next generation of clean-energy two-wheeled urban transportation for increasingly traffic-congested cities polluted by car emissions that are ready for bike-sharing and bike-friendly roads. But will they?

Bibliografie / Bibliography

Redactie van / Editors of *Bicycling* (voorwoord / foreword: Lance
   Armstrong), *The Noblest Invention: An Illustrated History of
   the Bicycle*, Emmaus, PA 2003
Fotteringham, William, *Cyclopedia: it's All About the Bike*,
   Chicago 2011
Heine, Jan, met fotografie van/with photography by Jean-Pierre
   Praderes, *The Competition Bicycle: A Photographic History*,
   Seattle 2008
Heine, Jan, met fotografie van/with photography by Jean-Pierre
   Praderes, *The Golden Age of Handbuilt Bicycles*, Seattle 2005
Herlihy, David. V., *Bicycle: The History*, New Haven/London 2004
Kuner, Herbert, 'A webpage of Dutch bicycle history',
   www.rijwiel.net en /and Wikipedia: En.wikipedia.org
Sharp, Archibald, *Bicycles and Tricycles: An Elementary Treatise
   on Their Design and Construction*, Londen /London 1896
Wilson, David Gordon, met bijdragen van/with contributions by
   Jim Papadopulos, *Bicycling Science*, Cambridge, MA 2004

Afbeeldingen / Illustrations

Colofon / Credits

Martin Alberts, met dank aan / courtesy of
Stadsarchief Amsterdam [53]
Amazing Wheels [80–81]
Amsterdam Collectie RHC Groninger Archieven
[50]
Batavus B.V., Heerenveen [29–34]
Otto Beaujon [12, 14, 17, 20-21, 38–40, 54]
Benelux Press [42]
Hans Berkenbosch, met dank aan / courtesy of
Bram Moens [77 top]
Bleijh Concept & Design [74–75]
Johan Christiaan van Dijk, met dank aan /
courtesy of the Stadsarchief Amsterdam / Jan
and Johan Christiaan van Dijk Archive [47]
Edam2007 on flickr [55]
Elian Cycles [66–69]
Het Stadsarchief Amsterdam [18]
Jan Gunneweg [71–72]
Ruud Hoff, met dank aan / courtesy of ANP
Historisch Archief [48, 52]
Bastiaan Kok, met dank aan / courtesy of Y-tech
in collaboration [82]
Koga-Miyata [58-59]
Koninklijke Gazelle N.V., Dieren [24, 26–28]
Reinier Korstanje [73]
Letterlust [p. 8, 2]
Bram Moens [77]
Montego [62]
Oscar Mulder, My Dutch Bike, San Francisco,
CA [4–9]
Nederlandse Spoorwegen [83]
Lucja Pindor, met dank aan / courtesy of Otto
Beaujon [3, 15, 19, 22, 23, 35, 37, 49, 51]
Lucja Pindor, met dank aan / courtesy of
Velorama Nationaal Fietsmuseum, Nijmegen
[10-11, 13, 16, 25, 36, 43–46]
Qwic [84, 86]
Caspar van Roosmalen/Qwic [85]
RHC Groninger Archieven [50]
Simon Smit, met dank aan / courtesy of Nationaal
Archief/Spaarnestad [41]
Urban Arrow [63]
Van der Veer Designers BV [78-79]
Van Hulsteijn [70]
Van Nicholas [60]
Vanmoof [64–65]
Tjeerd Veenhoven [61]
www.ski-epic.com/amsterdam_bicycles
[56, 57, 76]

Auteur / Author
Zahid Sardar
Tekstredactie / Copy editing
Gerda ten Cate, D'Laine Camp
Vertaling / Translation
Dutch-English: **Pierre Bouvier** (Foreword)
English-Dutch: **Leo Reijnen** (Essay)
Ontwerp en lithografie / Design and lithography
Lex Reitsma
m.m.v. / assisted by **Bas van Vuurde**
Beeldredactie / Image editing
Rana Ghavami, Zahid Sardar
Druk / Printing
Pantheon Drukkers, Velsen-Noord
Binden / Binding
Binderij Hexspoor, Boxtel
Programmamanager / Programme manager
Job Meihuizen, Premsela
Projectcoördinatie / Project coordination
Bart Heerdink, Premsela
Mehgan Bakhuizen, Barbera van Kooij,
naio10 uitgevers/publishers, Rotterdam
Uitgever / Publisher
naio10 uitgevers/publishers, Rotterdam
Partner
Premsela, Nederlands Instituut voor
Design en Mode

Printed and bound in the Netherlands
ISBN 97-8946-208-020-1

Marijke Kuper, Lex Reitsma
**De stoel van Rietveld /
Rietveld's Chair**
Book and DVD set, 2011, 2012

Frederike Huygen, Lex Reitsma
**De stijl van het Stedelijk /
the Style of the Stedelijk**
Book and DVD set, 2012

De wereldberoemde rood-blauwe stoel van
Gerrit Rietveld vormt het beeldicoon van
De Stijl in 'De canon van Nederland'.
De publicatie *De stoel van Rietveld* is het
resultaat van een zoektocht naar het ontstaan,
het gebruik en de receptie van de stoel door
kunsthistorica Marijke Kuper en in beeld
gebracht door grafisch ontwerper en filmmaker Lex Reitsma. /
Gerrit Rietveld's world-famous Red-Blue
Chair is the visual icon for De Stijl on the
Canon of Dutch History website.
The publication *Rietveld's Chair* is the result
of art historian Marijke Kuper's investigation
into the genesis and development, use and
reception of the chair, filmed by graphic
designer and filmmaker Lex Reitsma.

In *De stijl van het Stedelijk* schetsen filmmaker Lex Reitsma en designhistoricus
Frederike Huygen een beeld van de
unieke relatie van het Stedelijk Museum
Amsterdam met grafische vormgeving en
de fascinerende zoektocht naar een nieuwe
visuele identiteit voor de heropening van
het museum in 2012. /
The Style of the Stedelijk is the fascinating
account, by filmmaker Lex Reitsma and
design historian Frederike Huygen, of
the Stedelijk Museum's unique relationship
with graphic design and its search for a
new visual identity before reopening its
doors in 2012.

Zahid Sardar is designcriticus en auteur van verschillende boeken over design, waaronder *100 Best Bikes* (Laurence King Publishing, 2012), *West Coast Modern* (Gibbs Smith, 2012) en *San Francisco Modern* (Chronicle Books, 1998). Als redacteur design schreef hij gedurende meer dan twintig jaar artikelen over industrieel ontwerp en architectuur in de *San Francisco Chronicle*; hij levert ook bijdragen aan het tijdschrift *Dwell* en andere internationale design tijdschriften. Hij doceert design geschiedenis aan de faculteit van het California College of the Arts. Sardar woont, werkt en fietst in San Francisco.

Zahid Sardar is a design critic and the author of *100 Best Bikes* (Laurence King Publishing, 2012), *West Coast Modern* (Gibbs Smith, 2012), *San Francisco Modern* (Chronicle Books, 1998) and several other design titles. He has written about industrial design and architecture for two decades in the *San Francisco Chronicle* where he held the title of design editor. He also writes for *Dwell* magazine and other international design publications and is on the faculty of the California College of the Arts teaching design history. He lives, works and rides in San Francisco.